SO GREAT ② 한국어

소통

집필진

김정현 서울대학교 언어교육원 대우전임강사(한국어교육학박사)
박성희 송곡대학교 한국어비즈니스학과 강사(한국어교육학박사과정)
정미진 인천대학교 국어국문학과 초빙교수(한국어교육학박사)
조형일 송곡대학교 한국어비즈니스학과 교수(한국어교육학박사)

SG한국어2
MP3다운로드

SO GREAT 한국어 2

발 행 일 | 2024년 10월 17일
저   자 | 송곡대학교(김정현, 박성희, 정미진, 조형일)
펴 낸 곳 | 소통
펴 낸 이 | 최도욱
디 자 인 | 조해민
표   지 | 라온그램
삽   화 | 임주원
주   소 | 서울시 금천구 시흥대로 193 아람아이씨티타워 1110호
전   화 | 070-8843-1172
팩   스 | 0505-828-1177
이 메 일 | sotongpub@gmail.com
블 로 그 | http://sotongpublish.tistory.com
홈페이지 | http://www.sotongpub.com
가   격 | 24,000 원
I S B N | 979-11-91957-41-9 93700

*이 책은 저작권법에 따라 보호받고 있습니다.
불법 복제와 불법 PDF는 법으로 금지되어 있습니다.

SO GREAT 한국어 ②

김정현, 박성희, 정미진, 조형일

소통

출간사

　대한민국은 지금 변혁의 시대를 맞이하고 있습니다. 한국의 산업 발전에 있어 큰 동력의 한 가지로서, 외국인 근로자와 유학생의 한국어 능력은 어떤 것과 비교해도 모자라지 않을 만큼 중요합니다. 우리의 역사가 이야기해 주듯이 앞으로 한국의 미래도 전 세계인과 함께 화합하며 도약의 시대로 발전해 나아가야 할 것입니다. 작금의 모든 대학이 외국인 교육에 집중하고 있을 때, 우리 송곡대학교는 전문인 육성의 산실로서 글로벌 시대에 맞서 외국인 연수생과 재학생, 내국인 재학생이 함께 성장하는 교육 역량 강화에 모든 힘을 쏟고 있습니다. 그런 의미에서 이번 SG 한국어 초급용 교재는 상징하는 바가 매우 큽니다. 이 교재가 한국어 교육의 지평을 다져가는 역할을 하리라 기대합니다.

　이번 SG 한국어를 그동안 기획하고 집필해 주신 집필진 여러분께 감사의 인사를 전합니다. 한국어비즈니스학과를 이끌고 계시는 조형일 교수님 이하 김정현 선생님(서울대 언어교육원), 정미진 선생님(인천대학교 국어국문학과), 박성희 선생님(송곡대학교 어학센터)께서 그동안 앞으로 다가올 시대에 적용 가능한 방식으로 새롭게 초급 교재를 개발해 주시느라 고생 많으셨습니다. 그리고 이 책이 출간되기까지 애써 주신 소통 출판사 최도욱 대표님과 조해민 편집자님께도 감사의 인사를 드립니다.

　이 책으로 SO GREAT! 하게 전 세계 외국인들이 한국어 실력을 향상시킬 수 있게 되기를 바랍니다. 고맙습니다.

2024년 9월 1일
송곡대학교 총장
왕 덕 양

일러 두기

이 책은 새로운 시대 한국어 초급 학습자를 대상으로, 송곡대학교 국제교류처에서 주관하여 개발한 것이다. 본 책과 연습책을 한 세트로 구성하고 초급 1단계와 2단계에 맞추어 개발하였다.

초급 1단계는 0급~1.5급 달성을 목표로 구성되었다. 처음부터 끝까지 완벽하게 학습 성취를 이룬 학생이라면 초급 1단계 교재를 통해서 약 1.5급에 도달할 수 있을 것이다. 학습자의 성취도를 70% 수준으로 잡을 때, 한국어 능력 평가 시험(TOPIK, KLAT, SKA 등) 1급 수준에 도달할 수 있다.

초급 2단계는 1급~2.5급 달성을 목표로 구성되었다. 처음부터 끝까지 완벽하게 학습 성취를 이룬 학생이라면 초급 2단계 교재를 통해서 약 2.5급에 도달할 수 있을 것이다. 학습자의 성취도를 70% 수준으로 잡을 때, 한국어 능력 평가 시험(TOPIK, KLAT, SKA 등) 2급 수준에 도달할 수 있다. 특히 초급 2단계부터는 대학 생활에서 활용 가능한 교육 내용을 선정하여 적용하였다.

이들 교재는 각각 30과로 구성하였다. 이는 온라인 기반 교육이 하나의 필수적 교실 형태로 자리 잡은 것과 교육 현장(어학센터, 한국어학당, 한국어교육센터, 한국어교육원 등)의 다양한 수업 형태(8주부터 10주 운영, 150시간부터 200시간 운영 등)를 반영하고자 한 것이다. 한국어 교육 기관에서는 이 교재를 활용하여 8주에서 10주 동안 한국어 교실을 운영할 때, 하루 3~4 시간을 기준으로 하여 하나의 단원을 교수학습하고, 다음 단원을 새롭게 시작할 수 있을 것이다.

☞ 2000년대 초반 무렵까지의 교재들은 한 학기 수업 운영 시 하루(3~4) 수업 시간 내에 한 단원이 끝나는 구성을 취하고 있었다. 그런데 중반 이후 1개의 단원에 포함된 내용을 확장하는 방식으로 바뀌었고 한 단원을 2일에서 3일에 걸쳐 수업을 하게 되었다. 속칭 면대면 수업으로 이루어지는 상황에서 이는 매우 적정한 방식이었다. 하지만 2020년 코로나 사태로 촉발된 온라인 기반 수업에서 이러한 편제는 문제점으로 작용하게 된다. 한 개의 단원을 2~3일에 배우는 동안 학습자의 참여와 상호활동이 매우 큰 비중을 차지하였기에, 온라인 플랫폼을 통해 이루어지는 수업 환경과 맞지 않는 부분이 발생한 것이다. 학습자의 참여도 또한 저조해지면서 하나의 단원이 연속적으로 수행되기 어려운 환경임이 드러났다. 이것이 본 교재를 30개의 단원으로 개발하게 된 이유이다. 초급 총 60개의 단원을 개발하는 것은 쉽지 않은 작업이었다. 이 교재를 사용하는 현장에서는 이러한 수고를 알아줄 것이다.

목차

출간사 5

일러 두기 6

Unit 1. 모임

01. 한국어를 공부한 지 3개월이 됐어요 14

02. 서로 가르쳐 주기로 해요 20

03. 시간이 있으면 꼭 오세요 26

Unit 2. 쇼핑

04. 마음에 드는 가방을 샀어요 34

05. 새것으로 바꿔 드리겠습니다 40

06. 오늘 주문하면 언제 받을 수 있나요? 46

Unit 3. 여가 활동

07. 제주도에 가 봤어요 54
08. 같이 신청할래요? 60
09. 아름다운 경치를 보면서 걸어 보세요 66

Unit 4. 인간관계

10. 수지 씨의 친구는 마음이 따뜻한 것 같아요 74
11. 친구가 집을 소개해 준 덕분에 이사하게 됐어요 80
12. 저는 주말에 늦잠을 자는데 룸메이트는 아침 일찍 청소를 해요 86

Unit 5. 약속

13. 저도 가 보고 싶었는데 같이 갈래요? 94
14. 날짜를 바꿨으면 좋겠어요 100
15. 수업이 끝나니까 6시였어요 106

Unit 6. 건강

16. 약을 먹는 동안 술을 드시지 마세요 …… 114
17. 약을 드시고 푹 쉬도록 하세요 …… 120
18. 좋아하는 가수의 음악을 들으면 기분이 좋아져요 …… 126

Unit 7. 시설 이용

19. 통장을 만들려고 왔는데요 …… 134
20. 등기 우편으로 보내 주세요 …… 140
21. 신청서를 이메일로 보내도 될까요? …… 146

Unit 8. 대중매체

22. 한국 음식에 대해서 발표하겠습니다 …… 154
23. 부모님은 고향에 계세요 …… 160
24. 내가 도와줄 테니까 걱정하지 마 …… 166

Unit 9. 음식

25. 고추장을 넣고 나서 끓여 주세요 ········ 174
26. 삼겹살은 야채하고 같이 먹으면 더 맛있다고 해요 ········ 180
27. 역시 맛집이네요! ········ 186

Unit 10. 나의 미래

28. 유학생 모임에 나가 보는 게 어때? ········ 194
29. 한국 생활이 힘들지요? ········ 200
30. 졸업을 하자마자 취직했으면 좋겠어요 ········ 206

문법 및 표현 ········ 212

UNIT 1

Unit 1. 모임

01. 한국어를 공부한 지 3개월이 됐어요

02. 서로 가르쳐 주기로 해요

03. 시간이 있으면 꼭 오세요

UNIT 1 모임

01 한국어를 공부한 지 3개월이 됐어요

어휘 인사말
문법 이라고 하다
       -은 지

그림을 보고 이야기해 보세요.

1) 사람들이 뭐 하고 있어요?
2) 다른 사람을 처음 만났을 때 어떻게 인사해요?

1. 다음 그림에 맞는 인사말을 이야기해 보세요.

   앞으로 **친하게** 잘 지내요.　　같이 **재미있게** 공부해요.

   주말 **즐겁게** 보내요.

   행복하게 사세요.　　　　**건강하게** 오래오래 사세요.

2. 우리 반 선생님과 친구들에게 이야기해 보세요.

   선생님이 잘 가르쳐 주셔서 한국말을 **쉽고 재미있게** 배웠어요.

   선배들이 많이 도와줘서 **힘들지 않게** 한국 생활을 하고 있어요.

   친구들이 있어서 한국에서 **편하고 재미있게** 살고 있어요.

unit 1. 모임

[명](이)라고 하다

가: 안녕하세요? 저는 메이라고 합니다.
나: 만나서 반가워요.

1. 우리 반 친구들과 인사해 보세요.

처음 뵙겠습니다.
저는 메이라고 합니다.

만나서 반갑습니다.
저는 프엉이라고 합니다.

2. 우리 반 친구들에게 물어보세요.

"고맙습니다"는 베트남 말로 뭐라고 해요?

"깜언"이라고 해요.

"사랑해요"는 몽골 말로 뭐라고 해요?

친구는 우즈베키스탄 말로 뭐라고 해요?

[동]-(으)ㄴ 지

가: 언제부터 한국말을 공부했어요?
나: 한국말을 공부한 지 3개월이 됐어요.

1. 친구와 이야기해 보세요.

> 언제부터 한국어를 배웠어요?

> 한국어를 배운 지 3개월 정도 됐어요.

1) 언제부터 한국어를 배웠어요?
2) 언제부터 피아노를 쳤어요?
3) 언제부터 한국어로 일기를 썼어요?
4) 언제부터 아르바이트를 했어요?
5) 고향에 안 간 지 얼마나 됐어요?
6) 영화가 시작한 지 얼마나 됐어요?

2. 친구와 이야기해 보세요.

> 한국에 온 지 오래됐어요?

> 아니요. 얼마 안 됐어요. 3개월 조금 넘었어요.

> 그 친구를 안 지 오래됐어요?

> 그 가수를 좋아한 지 오래됐어요?

함께 해 봅시다

준비하세요

친구를 처음 만났어요. 무엇을 알고 싶어요?

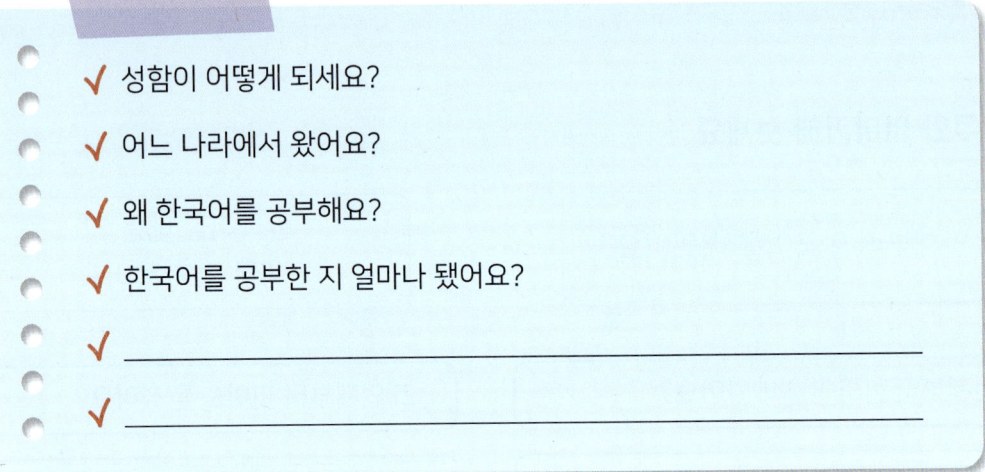

- ✓ 성함이 어떻게 되세요?
- ✓ 어느 나라에서 왔어요?
- ✓ 왜 한국어를 공부해요?
- ✓ 한국어를 공부한 지 얼마나 됐어요?
- ✓ _____
- ✓ _____

🎧 01

모범 대화

안녕하세요?

저는 크리스티나라고 합니다. 네팔에서 왔습니다.

내년에 송곡대학교에 입학하려고 합니다.

그래서 지금 한국어교육센터에서 한국어를 열심히 공부하고 있습니다.

한국어를 공부한 지 3개월이 넘었습니다.

앞으로 여러분과 친하게 지내고 싶습니다.

잘 부탁드립니다.

해 보세요

1) 우리 반 친구들에게 자기소개를 해 보세요.
2) 친구의 발표를 듣고 질문하세요.

취미가 뭐예요?

운동 좋아해요?

몽골에서도 한국어를 공부했어요?

한국말 말고 다른 나라 말도 할 수 있어요?

더 해 보세요

친구에게 우리 반 친구를 소개해 보세요.

　　이 친구는 메이라고 해요. 태국 사람이에요. 이 친구를 안 지 3개월 정도 됐어요. 지금 이 친구하고 같이 한국어를 공부하고 있어요. (…) 앞으로 이 친구하고 더 친하게 지내고 싶어요.

UNIT 1 모임

02 서로 가르쳐 주기로 해요

어휘 모임의 종류와 하는 일
문법 -기로 하다
　　　 -어 주다

그림을 보고 이야기해 보세요.

1) 사람들이 뭘 하고 있어요?
2) 친구들과 모여서 뭘 하고 싶어요?

■ 어떤 모임을 만들고 싶어요? 이야기해 보세요.

운동 모임

- 경기를 하다
- 연습하다
- 응원하다
- 대회에 나가다
-

공부 모임

- 시험공부를 하다
- 같이 문제를 풀다
- 서로 가르쳐 주다
- 시험을 신청하다
-

취미 모임

- 공연을 하다

- 동영상을 찍다

-

-

-

> 우리 반 친구들하고 같이 토픽 준비 모임을 하고 싶어요.
> 같이 시험공부를 하면서 서로 가르쳐 줘요.

[동]-기로 하다

가: 주말에 뭐 할 거예요?

나: 친구하고 영화 보기로 했어요.

1. 친구와 이야기해 보세요.

> 오늘 수업 끝나고 뭐 해요?

> 한국 친구를 만나기로 했어요.

1) 오늘 수업 끝나고 뭐 해요?
2) 방학에 뭐 할 거예요?
3) 휴가 계획이 있어요?
4) 고향에 언제 가요?
5) 친구를 만나서 뭐 하기로 했어요?
6) 이제 게임을 안 해요?
7) 오늘도 운동해요?
8) 새해에 어떤 결심을 했어요?

2. 우리 반에서 지켜야 할 일을 이야기해 보세요.

> 교실에서는 한국말만 하기로 합시다.

> 나쁜 말을 하지 않기로 해요.

[동]-어 주다

가: 사진 좀 찍어 줄 수 있어요?
나: 그럼요. 예쁘게 웃으세요.

1. 친구와 이야기해 보세요.

> 이 책이 아주 재미있겠어요.
> 책 좀 빌려줄 수 있어요?

> 그럼요. 재미있게 읽으세요.

1) 이 책이 아주 재미있겠어요.
2) 많이 아파요.
3) 짐이 너무 무거워요.
4) 한국어 숙제가 너무 어려워요.
5) 교실이 너무 더워요.
6) 일이 너무 많아요.

2. 가게나 택시에서 할 수 있는 말을 이야기해 보세요.

> 다른 색 바지를 보여 주세요.

> 더 큰 사이즈로 바꿔 주세요.

> 송곡대학교로 가 주세요.

> 정문 앞에서 세워 주세요.

함께 해 봅시다

준비하세요

무슨 모임이에요?

- ✓ 농구 사랑
- ✓ 송곡대학교 우즈베키스탄 학생 모임
- ✓ 토픽 열공!!
- ✓ 가수/배우 _____의 팬 모임
- ✓ K-Pop 댄스를 배워요
- ✓ _____

안내문을 읽으세요.

농구 사랑
농구를 좋아해요? 같이 농구해요

언제	매주 토요일 10시
어디에서	송곡대학교 농구장
무엇을 해요?	팀을 만들어서 농구 경기를 해요.
	농구 경기 후에 같이 밥도 먹어요.
	같이 연습해서 나중에 농구 대회에 나갈 거예요.
무엇을 준비해요?	운동화를 신고 물을 가져오세요.

해 보세요

친구와 함께 모임을 만들고 안내문을 써 보세요.

> 무슨 모임을 만들고 싶어요?

> 요리 좋아해요?

> 좋아해요. 다른 나라 요리도 배우고 싶어요.

> 그럼 우리 요리 모임을 만들까요? 다른 나라 친구들이 모여서 서로 요리를 가르쳐 주기로 해요. 어때요?

> 좋아요. 재미있겠어요.

_____
_____

언제   _____
어디에서   _____
무엇을 해요?   _____
                        _____
                        _____
무엇을 준비해요?   _____

더 해 보세요

친구들이 만든 안내문을 읽고 이야기하세요.

❶ 모임에서 무엇을 해요?

❷ 어떤 모임에 가고 싶어요? 왜 그 모임에 가고 싶어요?

UNIT 1 모임

03 시간이 있으면 꼭 오세요

어휘 음식 준비, 모임에서 하는 일
문법 -으면, -을게요

그림을 보고 이야기해 보세요.

1) 모임에서 뭘 하고 싶어요?
2) 뭘 준비해요?

■ 친구들과 모여서 뭘 하고 싶어요? 이야기해 보세요.

장을 보다
음식을 주문하다
음식을 가져오다
음료수를 사 오다

모이다
모임을 하다
모임을 가지다

팀을 나누다

음식을 나눠 주다
음식을 나눠 먹다

선물을 주고받다

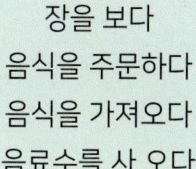

음식을 어떻게 준비해요?

장을 봐서 같이 요리할까요?

모여서 뭘 해요?

팀을 나눠서 게임을 해요.

[동]-(으)면 / [형]-(으)면 / [명](이)면

가: 지금 시간이 있으면 저를 좀 도와주세요.

나: 네. 알겠어요. 무슨 일이 있어요?

1. 친구와 이야기해 보세요.

바쁘지 않으면 잠깐 이야기할까요?

1) 바쁘지 않아요.　➡　가) 잠깐 이야기할까요?

2) 질문이 있어요.　　　나) 커피 마시러 갈까요?

3) 커피를 좋아해요.　　다) 꼭 병원에 가세요.

4) 많이 아파요.　　　　라) 저에게 물어보세요.

5) 택시를 타요.　　　　마) 늦지 않을 거예요.

2. 친구하고 같이 무엇을 하고 싶어요? 이야기해 보세요.

내일 날씨가 좋으면 같이 등산 갈까요?

축구를 좋아하면 같이 해요.

[동]-(으)ㄹ게요

가: 내일 6시까지 오세요.

나: 네. 늦지 않을게요.

1. 친구와 이야기해 보세요.

> 내일 몇 시까지 올 수 있어요?

> 9시까지 갈게요.

1) 내일 몇 시까지 올 수 있어요?

2) 숙제를 꼭 하세요.

3) 이따가 저녁에 전화해 주세요.

4) 약을 꼭 드세요.

5) 오늘까지 이 일을 다 해 주세요.

6) 저를 좀 도와줄 수 있어요?

2. 친구에게 무엇을 해 줄 거예요.? 약속을 해 보세요.

> 생일에 꽃을 선물해 줄게요.

> 제가 우리나라 말을 가르쳐 줄게요.

함께 해 봅시다

준비하세요

친구하고 같이 이야기하세요.

> 3월 15일이 쉬는 날이니까 그때 파티를 할까요?

언제 모임을 해요?
☐ 날짜 :   ☐ 시간:

어디에서 모임을 해요?

모임에서 무엇을 해요?

음식은 어떻게 준비해요? 그리고 또 무엇을 준비해요?

☐ 음식을 하나씩 만들어서 가져와요.
☐ 같이 장을 봐서 요리해요.
☐ 음식을 주문해서 나눠 먹어요.

- 음악을 들어요.
- 게임을 해요.
- _____
- _____
- _____

해 보세요

1) 우리 반 친구들을 초대하세요.
2) 친구의 발표를 듣고 말해 보세요.

3월 15일은 쉬는 날이라서 친구들하고 같이 저녁에 우리 집에서 파티를 하기로 했어요. 음식을 하나씩 만들어서 가져오기로 했어요. 요리를 못하면 과일이나 음료수를 사 오세요. 친구들하고 같이 노래도 하고 게임도 할 거예요. 아주 재미있을 거예요. 꼭 오세요.

진짜 재미있겠어요.
우리나라 음식을 만들어서 가지고 갈게요.

저는 그날 아르바이트를 해서 못 가요.
다음에는 꼭 갈게요.

저는 요리를 잘 못해요. 음료수를 사서 갈게요.

제가 재미있는 우리나라 게임을 가르쳐 줄게요.
함께 재미있게 놀아요.

UNIT 2

Unit 2. 쇼핑

04. 마음에 드는 가방을 샀어요

05. 새것으로 바꿔 드리겠습니다

06. 오늘 주문하면 언제 받을 수 있나요?

UNIT 2 쇼핑

04 마음에 드는 가방을 샀어요

어휘 물건의 특징
문법 -은/는/을

그림을 보고 이야기해 보세요.

1) 어떤 물건을 가지고 있어요?

2) 어떤 물건이 가장 마음에 들어요? 왜 그 물건을 좋아해요?

■ **어떤 물건을 가지고 있어요? 이야기해 보세요.**

크기	☐ 크다	☐ 작다	☐ 보통이다
길이	☐ 길다	☐ 짧다	☐ 보통이다
_____	☐ 무겁다	☐ 가볍다	☐ 적당하다
_____	☐ 싸다	☐ 비싸다	☐ 적당하다
색깔	☐ 밝다	☐ 어둡다	☐ _____색
디자인	☐ 예쁘다 ☐ 마음에 들다 ☐ _____	☐ 멋지다	☐ 귀엽다 ☐ 어울리다 ☐ _____

> 내 필통의 크기는 20 센티미터 정도예요.

> 이 목걸이는 할머니가 줘서 특별해요.

> 이 신발은 가볍고 튼튼해서 신고 운동하**기 좋아요**.

> 이 가방은 가벼워서 가지고 다니**기 편해요**.

[형]-(으)ㄴ

가: 한국 생활이 어때요?

나: 좋은 친구들을 만나서 잘 지내고 있어요.

1. 친구와 이야기해 보세요.

> 어떤 음식을 좋아해요?

> 저는 맵지 않은 음식을 좋아해요.

1) 어떤 음식을 좋아해요?
2) 어떤 치마를 사고 싶어요?
3) 고향은 어떤 곳이에요?
4) 어떤 색을 좋아해요?
5) 어떤 영화를 봤어요?
6) 뭘 마시고 싶어요?

2. 여러분은 무엇을, 어떤 사람을 좋아해요? 이야기해 보세요.

> 저는 친절한 사람을 좋아해요.

> 저는 따뜻한 날씨를 좋아해요.

[동]-(으)ㄴ/는/(으)ㄹ

가: 가방 새로 샀어요?

나: 아니요. 친구가 선물해 준 거예요.

1. 친구와 이야기해 보세요.

> 아까 만난 사람이 누구예요?

> 고향 친구예요.

1) 아까 (만나다) 사람이 누구예요?

2) 어제 (보다) 영화가 재미있었어요?

3) 자주 (가다) 식당이 있어요?

4) 제일 (좋아하다) 음식이 뭐예요?

5) 이번 주말에 (하다) 일이 많아요?

6) 내일 친구에게 (주다) 선물을 샀어요?

2. 우리 반 친구에 대해서 이야기해 보세요.

> 우리 반 친구 중에서 제일 키가 큰 사람은 하산이에요.

> 우리 반 친구 중에서 가장 열심히 공부하는 친구는 안나예요.

> 오늘 교실에 제일 먼저 온 사람은 프엉이에요.

함께 해 봅시다

준비하세요

가장 좋아하는 물건이 뭐예요?

- ✓ 한국에 와서 산 가방
- ✓ 친구에게서 선물 받은 지갑
- ✓ 어머니가 사 준 노트북
- ✓ 아르바이트를 해서 모은 돈으로 산 신발
- ✓ _____
- ✓ _____

내가 가장 좋아하는 물건에 대해 생각해 보세요.

크기	_____
길이	_____
무게	_____
가격	_____
색깔	_____
디자인	_____
왜 좋아해요?	_____
언제 사용해요?	_____

해 보세요

좋아하는 물건에 대해 이야기해 보세요.

> 🎧 04
>
> **모범 대화**
>
> 　이 가방은 제가 한국에 와서 처음으로 산 물건입니다. 고향에서 가져온 가방이 있었지만 너무 크고 무거워서 새 가방을 사고 싶었습니다. 그래서 친구와 같이 가방을 사러 남대문 시장에 갔습니다. 예쁜 가방이 많았지만 이 가방이 가볍고 제일 예뻐서 마음에 들었습니다. 가격도 많이 비싸지 않았습니다. 그래서 이 가방을 골랐습니다.
>
> 　이 가방은 가벼워서 가지고 다니기 편합니다. 그리고 물건도 많이 들어갑니다. 그래서 요즘 이 가방을 항상 가지고 다닙니다. 앞으로 이 가방을 오래 사용하고 싶습니다.

더 해 보세요

친구들의 발표를 듣고 질문하세요.

> 가방 가격이 어떻게 돼요?

> 저도 가방을 새로 사고 싶어요.
> 그 가방 가게 이름을 알아요?

> 그 가방 다른 색도 있어요?

> 그 가방은 튼튼해요?

UNIT 2 쇼핑

05 새것으로 바꿔 드리겠습니다

어휘 물건 교환/환불의 이유
문법 -어 드리다
　　　 밖에

그림을 보고 이야기해 보세요.

1) 가게에서 무슨 일이 있는 것 같아요?

2) 가게에서 왜 물건을 바꿔요?

■ **가게에서 왜 물건을 바꿨어요? 단어를 사용해서 이야기해 보세요.**

| 교환하다 | 바꾸다 | 환불하다 | 환불받다 |

식품
- ☐ 신선하지 않다
- ☐ 맛이 이상하다
- ☐ 유통기한이 지나다
- ☐ 상하다
- ☐ 냄새가 나다

옷 신발
- ☐ 주문을 잘못 하다
- ☐ 본/생각한 것과 다르다
- ☐ 사이즈가 맞지 않다
- ☐ 색깔이 어울리지 않다
- ☐ 디자인이 마음에 안 들다

> 편의점에서 산 우유가 유통기한이 지나서 새것으로 바꿨어요.

> 마트에서는 몰랐어요. 집에서 보니까 채소가 신선하지 않아서 다시 마트에 가서 환불받았어요.

> 인터넷으로 옷을 주문했어요. 화면으로 본 것과 너무 달라서 환불받았어요.

> 새로 산 옷이 사이즈가 맞지 않아서 더 큰 사이즈로 교환했어요.

[동]-어 드리다

제가 도와드릴까요?

가: 제가 도와드릴까요?
나: 네. 고맙습니다.

1. 친구와 이야기해 보세요.

1) 가: 뭘 _____(으)ㄹ까요? (주다)
   나: 김치찌개 주세요.

2) 가: 어머니 생신에 뭘 _____었어요/았어요? (선물하다)
   나: 제가 직접 케이크를 _____었어요/았어요. (만들다)

3) 가: 좀 덥지 않아요?
   나: 에어컨을 _____(으)ㄹ까요? (켜다)

4) 가: 왜 우체국에 갔어요?
   나: 할아버지께 선물을 _____었어요/았어요. (보내다)

5) 가: 저 좀 도와줄 수 있어요?
   나: 네. _____(으)ㄹ게요. (도와주다)

2. 고향에 있는 가족에게 무엇을 해 주고 싶어요? 이야기해 보세요.

> 어머니께 한국 음식을 만들어 드리고 싶어요.

> 동생에게 한국 화장품을 선물해 주고 싶어요.

[명]밖에

가: 아침을 많이 먹었어요?

나: 아니요. 조금밖에 못 먹었어요.

1. 친구와 이야기해 보세요.

> 만 원 있어요?

> 아니요. 오천 원밖에 없어요.

1) 만 원 있어요?
2) 다른 반 친구도 알아요?
3) 4번 문제까지 다 했어요?
4) 빵하고 과일을 샀어요?
5) 밥 먹었어요?
6) 이 옷, 다른 색도 있어요?
7) 많이 기다렸어요?
8) 영화 다 봤어요?

2. 친구의 부탁을 거절해 보세요.

> 10만 원 좀 빌려줄 수 있어요?

> 아니요. 오천 원밖에 없어요.

> 만 원 있어요?

> 미안해요.
> 요즘 바빠서 일요일밖에 시간이 없어요.

함께 해 봅시다

해 보세요

친구하고 같이 이야기해 보세요.

> 손님 가게에서 산 물건을 교환하고 싶어요.
> 직원 손님의 이야기를 잘 듣고 물건을 교환해 주세요.

준비하세요

가 무슨 물건을 샀어요?
왜 그 물건을 교환하고 싶어요?

나 영수증을 확인하세요.

영수증을 보여 주시겠어요?

교환해 줄 수 있어요, 없어요? 확인하세요.

이 옷은 더 큰 사이즈가 없습니다.

이 옷은 지금 파란색밖에 없습니다.

세일 상품은 교환과 환불이 안 됩니다.

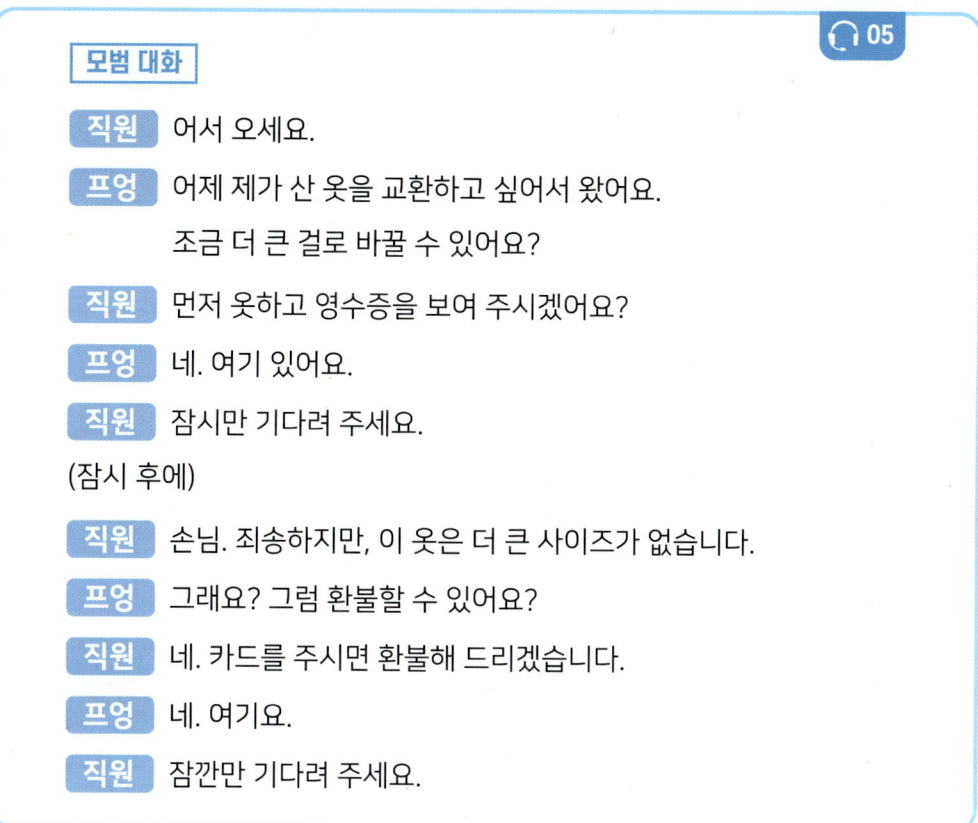

더 해 보세요

인터넷 쇼핑 사이트에서 산 물건을 교환하고 싶어요. 쇼핑 사이트 게시판에 문의하는 글을 써 보세요.

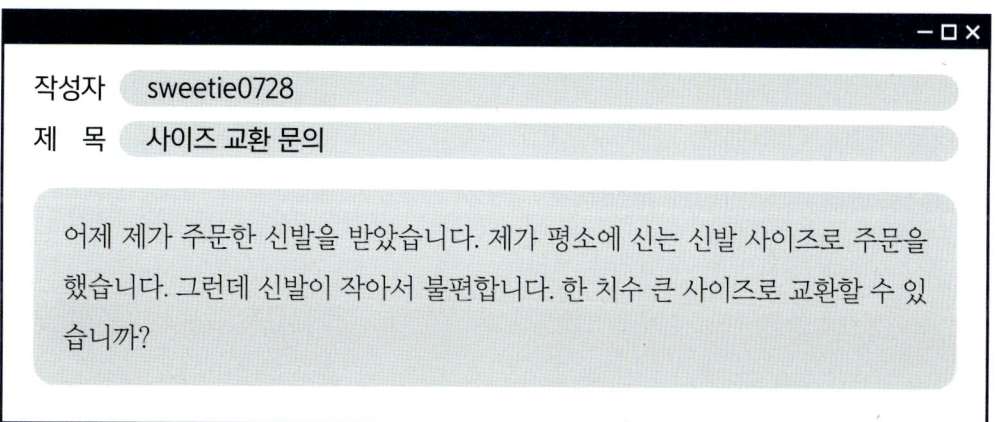

UNIT 2 쇼핑

06 오늘 주문하면 언제 받을 수 있나요?

어휘 전자제품 구입과 사용
문법 -나요?
-을 것 같다

그림을 보고 이야기해 보세요.

1) 전자제품을 어디에서 주로 사요?
2) 전자제품을 사고 싶어요. 무엇을 중요하게 생각해요?

■ 단어를 사용해서 말해 보세요.

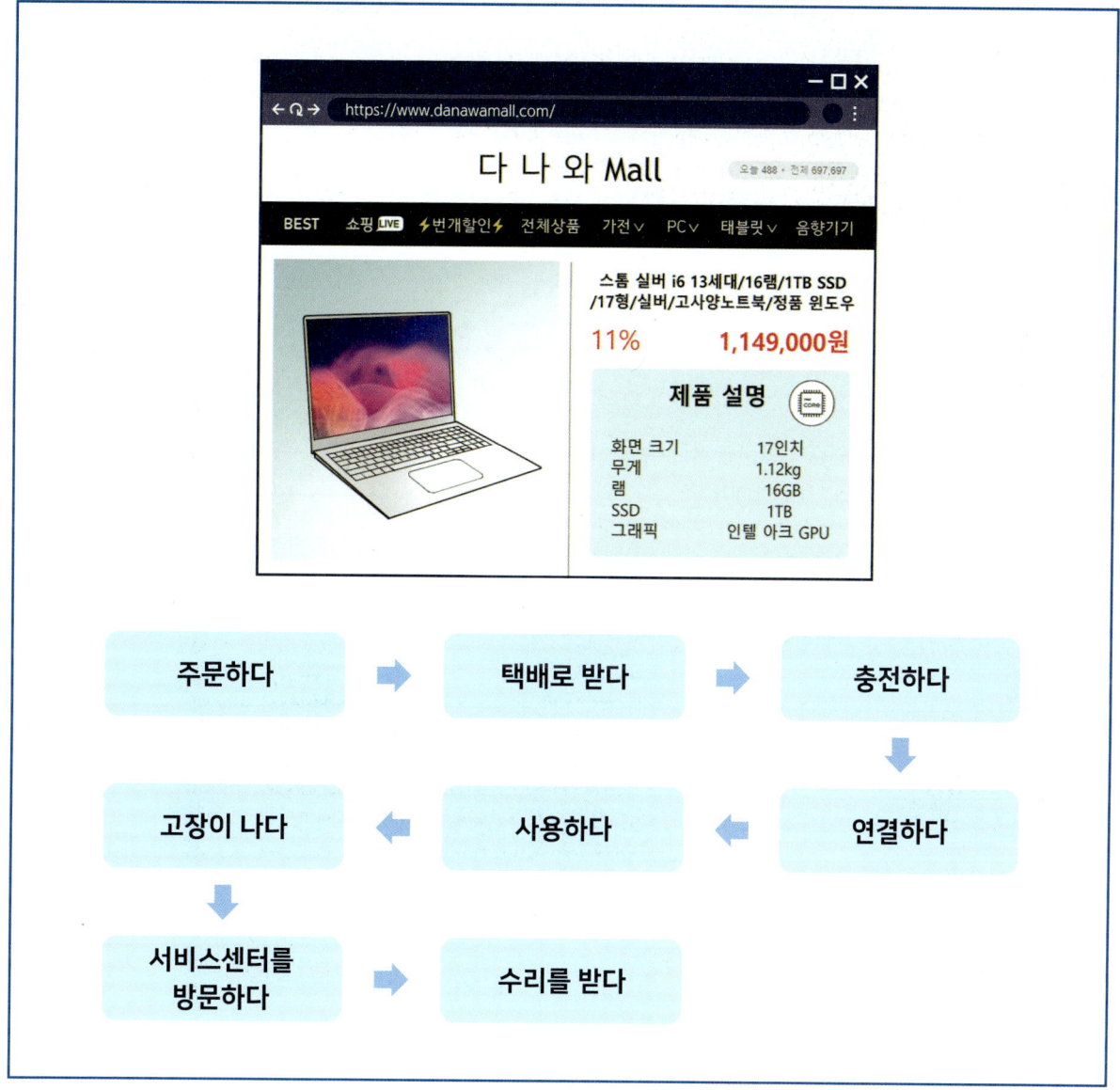

인터넷 사이트에서 노트북을 주문해서 택배로 받았어요.

노트북 배터리가 부족해서 충전하고 있어요.

[동]-나요? / [형]-(으)ㄴ가요? / [명]인가요?

가: 요가 수업은 언제 시작하나요?
나: 다음 주 화요일에 시작합니다.

1. 친구와 이야기해 보세요.

수업 기간: 3.10 ~ 6.10
수업 시간: 화, 목 오전 7~8시
수업 장소: 송곡대학교 체육관
수강비: 10만 원

*3월 1일까지 신청하세요.
 학생은 수강비의 20%를 할인받을
 수 있습니다.

요가 수업은 언제까지 하나요?

6월 10일에 끝납니다.

1) 요가 수업은 언제까지 하나요?
2) 수업 시간은 _____?
3) 수업을 어디에서 _____?
4) 수강비는 _____?
5) 언제까지 _____?
6) 학생 할인이 _____?

2. 농구 모임에 대해서 물어보세요.

언제 농구를 하나요?

[동]-(으)ㄹ 것 같다 / [형]-(으)ㄹ 것 같다 / [명]일 것 같다

가: 날씨가 많이 흐려요.
나: 네. 금방 비가 올 것 같아요.

1. 친구와 이야기해 보세요.

이 음식 맛이 어떨 것 같아요?

모르겠어요. 그런데 아주 매울 것 같아요.

1) 이 음식 맛이 어떨 것 같아요?

2) 루루 씨는 아직 안 왔어요?

3) 이 옷 어때요?

4) 친구에게 이 꽃을 선물할 거예요.

5) 이 영화 봤어요?

6) 누가 시험을 제일 잘 봤을 것 같아요?

2. 친구하고 같이 이야기해 보세요.

산책하러 갈까요?

추울 것 같아요. 다음에 가요.

이 식당에서 밥을 먹을까요?

사람이 너무 많을 것 같아요. 다른 식당에 가요.

unit 2. 쇼핑

함께 해 봅시다

해 보세요 ❶

인터넷 사이트에서 노트북 광고를 봤어요. 인터넷 게시판에 물어보고 싶은 것을 써 보세요.

- 이 노트북은 가벼운가요? 무게가 어떻게 되나요?
- 노트북을 빨리 받고 싶어요. 오늘 주문하면 언제 받을 수 있나요?
- 배터리를 완전히 충전하면 몇 시간 동안 사용할 수 있나요?
- 노트북이 고장 나면 어떻게 해야 하나요? 서비스센터가 어디에 있나요?
-
-

해 보세요 ❷

친구하고 같이 이야기해 보세요.

제인: 노트북에 대해서 물어보세요.
직원: 인기 있는 제품을 소개하고, 손님의 질문에 대답해 주세요.

모범 대화

직원: 어서 오세요. 뭘 찾으세요?
제인: 노트북을 좀 보고 싶어요.
직원: 이쪽으로 오세요. 요즘 이 노트북이 인기가 많습니다.
제인: 그래요? 제가 주로 노트북을 가지고 다닐 거라서 가벼운 것을 사고 싶어요. 이 노트북은 무게가 어떻게 되나요?
직원: 아주 가볍습니다. 1킬로그램이 조금 넘어요. 한번 들어보시겠어요?
제인: 네. (잠시 후에) 정말 가벼워요. 화면 크기도 적당할 것 같아요. 이 노트북을 더 자세히 알고 싶어요.
직원: 그럼 이 설명서를 보시겠어요?
제인: 네. 감사합니다. 설명서를 자세히 보고 다시 올게요.
직원: 네. 그러세요. 요즘 컴퓨터 할인 기간이니까 꼭 다시 오세요.

더 해 보세요

친구에게 내가 산 노트북에 대해서 이야기해 주세요.

이게 제가 산 노트북이에요. 가벼워서 가지고 다니기 정말 편리해요. 그리고...

UNIT 3

Unit 3. 여가 활동

07. 제주도에 가 봤어요

08. 같이 신청할래요?

09. 아름다운 경치를 보면서 걸어 보세요

UNIT 3 여가 활동

07 제주도에 가 봤어요

어휘 여가 활동의 좋은 점
문법 -어 보다
-을 줄 알다/모르다

그림을 보고 이야기해 보세요.

1) 사람들이 무엇을 하고 있어요?
2) 쉬는 날 주로 무엇을 해요?

■ 단어를 사용해서 말해 보세요.

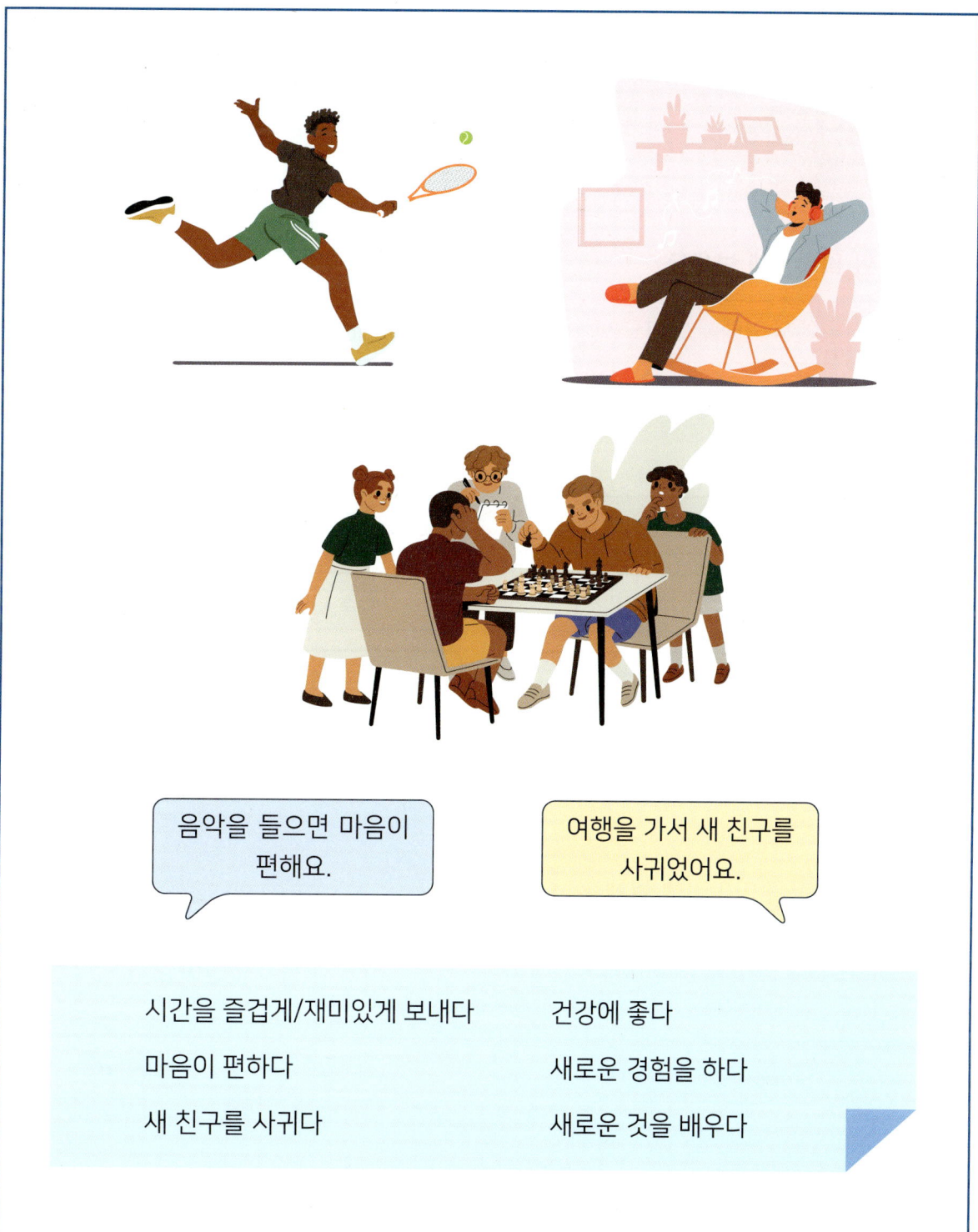

음악을 들으면 마음이 편해요.

여행을 가서 새 친구를 사귀었어요.

시간을 즐겁게/재미있게 보내다
마음이 편하다
새 친구를 사귀다

건강에 좋다
새로운 경험을 하다
새로운 것을 배우다

[동]-어 보다 ❶

가: 경주에 가 봤어요?
나: 네. 방학 때 친구들하고 같이 여행했어요.

1. 친구와 이야기해 보세요.

한국에서 여행해 봤어요?

네. 제주도하고 부산에 가 봤어요.

아니요. 아직 못 해 봤어요.

1) 한국에서 여행해 봤어요?
2) 콘서트에 가 봤어요?
3) 한국 친구를 사귀어 봤어요?
4) 한복을 입어 봤어요?
5) 한국어 말고 다른 외국어를 배워 봤어요?
6) 한국 음식을 요리해 봤어요?
7) 한국 전통 음악을 들어 봤어요?
8) 아르바이트를 해 봤어요?

2. 특별한 경험을 이야기해 보세요.

저는 번지점프를 해 봤어요.

무섭지 않았어요?

저는 태권도를 배워 봤어요.

그래요? 얼마 동안 배웠어요?

[동]-(으)ㄹ 줄 알다/모르다

가: 운전할 줄 알아요?

나: 네. 할 줄 알아요. 그런데 한국에서는 할 수 없어요.

1. 친구와 이야기해 보세요.

피아노를 칠 줄 알아요?

네. 칠 줄 알아요.

아니요. 칠 줄 몰라요.

1) 피아노를 칠 줄 알아요?

2) 농구를 할 줄 알아요?

3) 스키를 탈 줄 알아요?

4) 한국 요리를 할 줄 알아요?

5) 한자를 읽을 줄 알아요?

6) 바둑을 둘 줄 알아요?

2. 친구와 이야기해 보세요.

자전거를 탈 줄 알아요?

네. 탈 줄 알아요.

그럼 주말에 같이 자전거를 타러 갈까요?

네. 좋아요. 어디로 갈까요?

함께 해 봅시다

준비하세요

무엇을 할 줄 알아요? 이야기해 보세요.

- ✓ 한국 요리를 만들 줄 알아요. — 음식
- ✓ 피아노를 칠 줄 알아요. — 악기 연주
- ✓ 자전거를 탈 줄 알아요. — 운동
- ✓ 체스를 둘 줄 알아요. — 바둑, 장기, 체스
- ✓ 운전을 할 줄 알아요. — 자동차

🎧 07

모범 대화

저는 체스를 둘 줄 알아요. 형이 체스를 할 줄 알아서 어렸을 때 형하고 한 번 해 봤어요. 체스가 정말 재미있어서 그다음에는 책을 보고 배웠어요. 형하고 자주 체스를 뒀어요. 요즘에는 바빠서 체스를 둘 시간이 별로 없어요. 시간이 있으면 컴퓨터로 체스를 둬요. 체스를 하면 시간을 즐겁게 보낼 수 있어요. 친구들하고 같이 재미있게 할 수도 있어요. 체스를 배우고 싶으면 저에게 이야기하세요. 제가 가르쳐 줄게요.

해 보세요

1. 우리 반 친구들에게 나의 취미를 소개해 보세요.

> 1) 무엇을 할 줄 알아요?
> 2) 언제 처음 해 봤어요?
> 3) 얼마나 자주 해요?
> 4) 뭐가 좋아요?

2. 친구의 발표를 듣고 이야기해 보세요.

> 저도 체스를 배우고 싶어요.
> 가르쳐 줄 수 있어요?

> 체스는 배우기 어렵지 않아요?
> 머리가 아플 것 같아요.

> 체스를 한 번 하면 시간이 얼마나 걸려요?

> 우리나라에는 장기가 있어요.
> 체스하고 비슷해요.

더 해 보세요

친구의 취미를 같이 해 보세요. 그리고 그 경험을 이야기해 보세요

> 하산 씨에게 체스를 배워 봤어요. 하산 씨가 잘 가르쳐 줬지만 조금 어려웠어요. 조금 더 연습해 보려고 해요.

unit 3. 여가 활동

UNIT 3 여가 활동

08 같이 신청할래요?

어휘 앞으로 할 일
문법 -을래요
　　　 -거나

※ 주말에 할 일
1. 청소하기
2. 한국어 숙제하기
3. 비행기표 예약하기
4. 게스트하우스에 메일 보내기
5. 여행지 맛집 찾기

그림을 보고 이야기해 보세요.

1) 이 사람은 주말에 뭘 할 거예요?

2) 여러분은 주말에 뭘 할 거예요?

1. 여행을 가려고 해요. 미리 준비해야 할 일을 메모하세요.

- 비행기/기차/버스 시간을 알아보다
- 숙소를 예약하다
- 여행 계획을 세우다
- 여행지 정보를 찾아보다

• 비행기 시간 알아보기

2. 주말에 할 일을 메모하세요.

※ 주말에 할 일

unit 3. 여가 활동

[동]-(으)ㄹ래요

가: 뭐 먹을래요?

나: 저는 김치찌개를 먹을래요.

1. 친구와 이야기해 보세요.

> 배고파요.

> 그럼 밥 먹으러 갈래요?

1) 배고파요.
2) 심심해요.
3) 날씨가 너무 덥지 않아요?
4) 요즘 운동을 너무 못 했어요.
5) 이 영화를 보고 싶어요.
6) 아직 루루 씨 생일 선물을 못 샀어요.
7) 시험공부를 많이 못 했어요.
8) 여기 경치가 아주 멋있을 것 같아요.

2. 친구와 이야기해 보세요.

> 같이 영화 보러 갈까요?

> 아, 저는 피곤해서 집에 가서 쉴래요.

> 같이 밥 먹을까요?

> 저는 벌써 먹었어요.
> 도서관에 가서 공부할래요.
> 내일 같이 먹어요.

[동]-거나 / [형]-거나 / [명](이)나

가: 주말에 주로 뭐 해요?
나: 집에서 쉬거나 친구를 만나요.

1. 친구와 이야기해 보세요.

뭐 먹을래요?

치킨이나 피자를 먹고 싶어요.

1) 뭐 먹을래요?
2) 어디를 여행하고 싶어요?
3) 무슨 운동을 좋아해요?
4) 어디에서 주로 공부해요?
5) 방학에 뭐 할 거예요?
6) 쉬는 날 주로 뭐 해요?
7) 친구를 만나면 뭐 해요?
8) 수업 끝나고 집에 가서 뭐 할 거예요?

2. 친구와 이야기해 보세요.

어디로 여행 갈래요?

부산이나 경주에 갈래요?

뭐 할래요?

영화를 보거나 게임을 할까요?

함께 해 봅시다

준비하세요

읽어 보세요.

원데이 클래스 One Day Class

향수 만들기

마음에 드는 향수 찾기 어렵죠?
이제 내가 좋아하는 향수를 직접
만들어요.

컵 만들기

원하는 그림과 말을 넣어서
소중한 사람에게 선물하세요.

예쁜 글씨 쓰기 Calligraphy

예쁜 마음을 예쁜 글씨로
표현하세요.

비누 만들기

보기도 좋고, 우리 몸과
환경에도 좋은 비누 만들기

해 보세요

친구와 함께 수업을 신청해 보세요.

> 모범 대화
>
> 하산: 뭐 하고 있어요?
> 안나: SNS에서 동영상 수업을 찾아보고 있어요. 이것 좀 보세요. 재미있는 수업이 많아요.
> 하산: 수업요? 동영상으로 뭘 배워요?
> 안나: 여러 가지가 있어요. 향수나 컵, 비누를 만드는 수업이 있어요.
> 하산: 어? 예쁜 글씨 쓰기? 이거 재미있을 것 같지 않아요?
> 안나: 그것도 재미있을 것 같고, 컵 만들기도 재미있을 것 같아요.
> 하산: 생일 축하 말을 써서 친구 생일에 선물로 주면 좋을 것 같아요.
> 안나: 좋은 생각이에요.
> 하산: 그럼 우리 같이 신청할래요?
> 안나: 좋아요. 같이 신청해요.

더 해 보세요

인터넷으로 재미있는 수업을 찾아 발표해 보세요.

> 저는 부채 만들기 수업을 봤어요. 내가 원하는 그림이나 글씨를 넣어서 부채를 만드는 수업이에요. 저는 그림 그리기를 좋아하니까 이 수업을 신청하면 좋을 것 같아요.

UNIT 3 여가 활동

09 아름다운 경치를 보면서 걸어 보세요

어휘 행사 참가
문법 -으면서
-어 보다 ❷

9.25.(월) 12:00 ~ 17:00 대운동장

즐거운 추석을 함께해요

프로그램	
한국 전통 놀이	윷놀이, 강강술래
공연	사물놀이, 태권도
간식 먹기	송편, 수정과

그림을 보고 이야기해 보세요.

1) 왜 이 행사를 해요?

2) 이 행사에서 뭘 할 수 있어요?

■ 그림을 보고 말해 보세요.

외국인 유학생 한국어 글쓰기 대회

참가 기간	10.01.(월) ~ 10.31.(수)
쓰기 주제	친구
참가 방법	한글 파일로 제출: A4용지 1~2장 / 글씨 크기: 12p 송곡대학교 어학센터 홈페이지(korean.songgok.ac.kr), '한글날 행사' 메뉴로 제출 우편 제출(강원도 춘천시 남산면 송곡대학길 34) ※ 참가신청서와 함께 제출해 주세요.
발표	11.20.(월) 11:00
상금	1등 1명 500,000원 2등 1명 300,000원 3등 3명 100,000원

- 어떤 행사예요?
- 한국어 글쓰기 대회예요.
- 어떻게 참가해요?
- 인터넷이나 우편으로 글을 제출해요.

unit 3. 여가 활동

[동]-(으)면서

가: 친구들을 만나서 뭐 했어요?
나: 밥을 먹으면서 이야기했어요.

1. 이야기해 보세요.

차를 마시면서 책을 읽어요.   차를 마시면서 이야기합시다.

1) 차를 마셔요.	책을 읽어요.	이야기합시다.
2) 피아노를 쳐요.		
3) 음악을 들어요.		
4) 지하철역까지 가요.		
5) 버스를 타고 와요.		

2. 친구하고 같이 무엇을 하고 싶어요? 이야기해 보세요.

밥을 먹으면서 이야기할까요?

음악을 들으면서 청소할까요?

영화를 보면서 팝콘을 먹을까요?

[동]-어 보다 ❷

가: 이 옷 어때요?

나: 잘 어울릴 것 같아요. 한번 입어 보세요.

1. 친구와 이야기해 보세요.

> 이 책 재미있어요?

> 네. 아주 재미있어요.
> 한번 읽어 보세요.

1) 이 책 재미있어요?
2) 이 음식 맛있어요?
3) 이 게임 쉬워요?
4) 거기 경치가 좋아요?
5) 이 가수 노래가 좋아요?
6) 요가가 건강에 좋아요?

2. 친구와 이야기해 보세요.

> 제주도에 안 가 봤어요.
> 한번 가 보고 싶어요.

> 저도 안 가 봤어요.
> 같이 여행 갈래요?

> 이 커피숍 분위기가 좋은 것 같아요.
> 한번 가 보고 싶어요.

> 저도 가 보고 싶어요.
> 같이 가 볼래요?

함께 해 봅시다

준비하세요

읽어 보세요.

춘천 봄내길 걷기 여행

봄내길 1코스를 함께 걷는 여행!
아름다운 경치를 구경하면서 걸어 보세요.

날짜와 시간	6.24.(토) 08:00 ~ 11:00
모이는 장소	강변역
신청 기간	6월 21일까지
신청 방법	전화(033-251-1234), 온라인(www.bomnae.com) 신청
준비할 것	편한 옷과 신발

※ 참가비 무료

🎧 09

모범 대화

지난 주말에 저는 춘천 봄내길 걷기 여행에 참가해 봤어요. 다른 사람들과 함께 걸으면서 아름다운 경치를 구경할 수 있어서 좋았어요. 같이 참가한 한국 사람들이 음료수와 과일을 나눠 줘서 고마웠어요. 그분들이랑 이야기도 많이 했어요. 오래 걸어서 조금 피곤했지만 재미있었어요. 내년에도 참가하고 싶어요. 여러분도 함께해요!

해 보세요

1. 친구들에게 재미있는 활동을 추천해 보세요.

- ✓ 어떤 활동을 해 봤어요?
- ✓ 뭐가 좋았어요?
- ✓ 다음에는 뭘 해 보고 싶어요?

한국 음식 만들기

벼룩시장에서 물건 팔기

전통 놀이 하기

한국어 글쓰기 대회 참가하기

2. 친구의 발표를 듣고 이야기해 보세요.

> 이 행사를 어떻게 알았어요?

> 저도 해 보고 싶어요. 다음에 같이 해요.

UNIT 4

Unit 4. 인간관계

10. 수지 씨의 친구는 마음이 따뜻한 것 같아요

11. 친구가 집을 소개해 준 덕분에 이사하게 됐어요

12. 저는 주말에 늦잠을 자는데 룸메이트는 아침 일찍 청소를 해요

UNIT 4 인간관계

10. 수지 씨의 친구는 마음이 따뜻한 것 같아요

어휘 성격
문법 -은/는 것 같다

그림을 보고 이야기해 보세요.

1) 수지 씨 친구가 무엇을 하고 있어요?

2) 여러분 친구들의 성격은 어때요?

■ 우리 반 친구들의 성격은 어때요? 다음 단어를 사용해서 이야기해 보세요.

[형]-(으)ㄴ 것 같다

가: 지민 씨가 전화를 안 받아요. 무슨 일 있어요?

나: 아주 바쁜 것 같아요.

1. 친구와 이야기해 보세요.

배가 고픈 것 같아요

2. 친구의 기분이 어때요? 그림을 보고 친구와 이야기해 보세요.

기분이 안 좋은 것 같아요

[동]-는 것 같다

지금 비가 오는 것 같아요.

1. 친구와 이야기해 보세요.

요리를 하는 것 같아요

2. 잘 듣고 이야기해 보세요. 🎧 10-1

불꽃놀이를 하는 것 같아요.

1)

2)

3)

4)

함께 해 봅시다

준비하세요

친구의 인스타그램을 보고 이야기해 보세요.

친구의 성격이 어떤 것 같아요?

해 보세요

제일 친한 친구를 소개해 보세요.

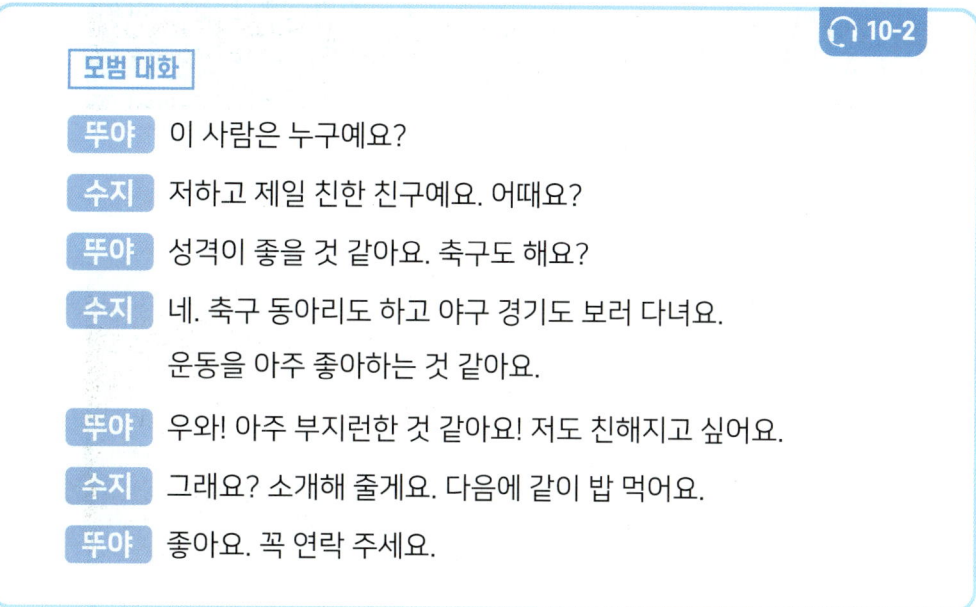

모범 대화

뚜야: 이 사람은 누구예요?
수지: 저하고 제일 친한 친구예요. 어때요?
뚜야: 성격이 좋을 것 같아요. 축구도 해요?
수지: 네. 축구 동아리도 하고 야구 경기도 보러 다녀요. 운동을 아주 좋아하는 것 같아요.
뚜야: 우와! 아주 부지런한 것 같아요! 저도 친해지고 싶어요.
수지: 그래요? 소개해 줄게요. 다음에 같이 밥 먹어요.
뚜야: 좋아요. 꼭 연락 주세요.

더 해 보세요

친한 친구를 소개하는 글을 써 보세요.

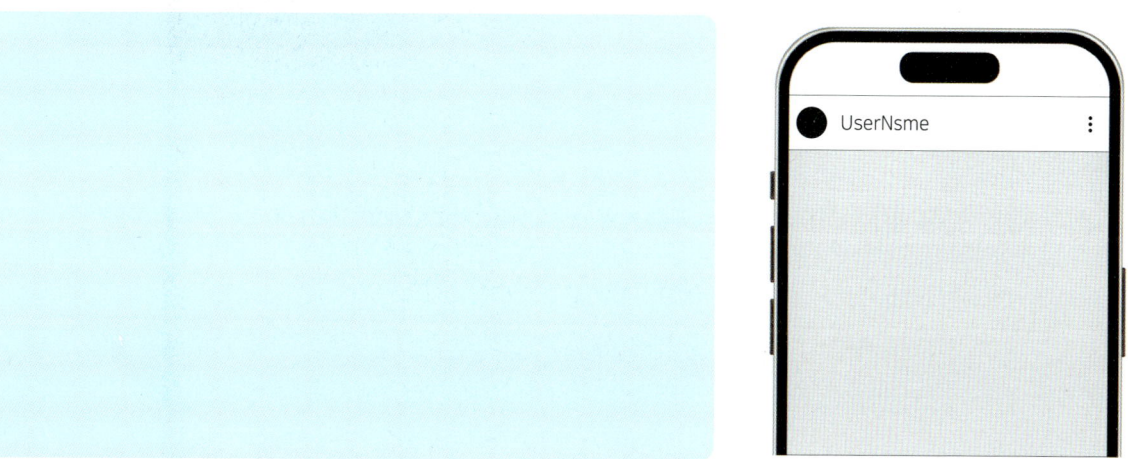

UNIT 4 인간관계

11 친구가 집을 소개해 준 덕분에 이사하게 됐어요

어휘 한국 생활
문법 -은 덕분에
-게 되다

그림을 보고 이야기해 보세요.

1) 사람들이 무엇을 하고 있어요?
2) 이사를 하려고 해요. 뭘 준비해요?

■ 단어를 사용해서 이야기해 보세요.

| 집을 찾다 | 이사하다 | 짐을 정리하다 |

쓰레기봉투를 사다 인터넷을 신청하다 외국인등록증을 만들다

> 한국 친구가 집을 같이 찾아 줬어요.

> 친구가 도와줘서 이사하기가 편했어요.

> 친구하고 같이 짐을 정리해서 이사가 빨리 끝났어요.

unit 4. 인간관계

[동]-(으)ㄴ 덕분에

가: 길 찾기가 어렵지 않았어요?

나: 아니요. 다른 학생이 길을 알려 준 덕분에 쉽게 찾았어요.

1. 친구와 이야기해 보세요.

친구가 공부를 도와준 덕분에 시험을 잘 봤어요.

1) 공부를 도와줬어요.	➤	가) 시험을 잘 봤어요.
2) 매일 운동을 했어요.		나) TV에 나왔어요.
3) 열심히 공부했어요.		다) 아주 건강해요.
4) 착한 일을 했어요.		라) 장학금을 받았어요.

2. 어떤 도움을 받았어요? 좋은 결과가 있었어요? 이야기해 보세요.

지갑을 안 가져 왔어요.
친구가 돈을 빌려준 덕분에 밥을 먹을 수 있었어요.

선생님께서 도와주신 덕분에 자기소개서를 잘 쓸 수 있었어요.

[동]-게 되다

가: 매운 음식을 잘 먹어요?

나: 처음에는 잘 못 먹었어요. 지금은 잘 먹게 됐어요.

1. 친구와 이야기해 보세요.

> 매일 한국어 말하기 연습을 해서 한국어를 잘하게 됐어요.

1) 매일 한국어 말하기 연습을 했어요.
2) 이번 학기에 정말 열심히 공부했어요.
3) 새로운 모임을 시작했어요.
4) 친구가 자전거를 가르쳐 줬어요.
5) 매일 수영을 했어요.
6) 한국 음식을 자주 했어요.

2. 어떤 노력을 했어요? 그 노력으로 어떻게 바뀌었어요? 이야기해 보세요.

> 노래 연습을 많이 했어요.
> 노래를 잘 부르게 됐어요.

> 단어를 많이 외웠어요.
> 그래서 시험을 잘 보게 됐어요.

unit 4. 인간관계

함께 해 봅시다

준비하세요

다른 사람에게 어떤 도움을 받았어요?

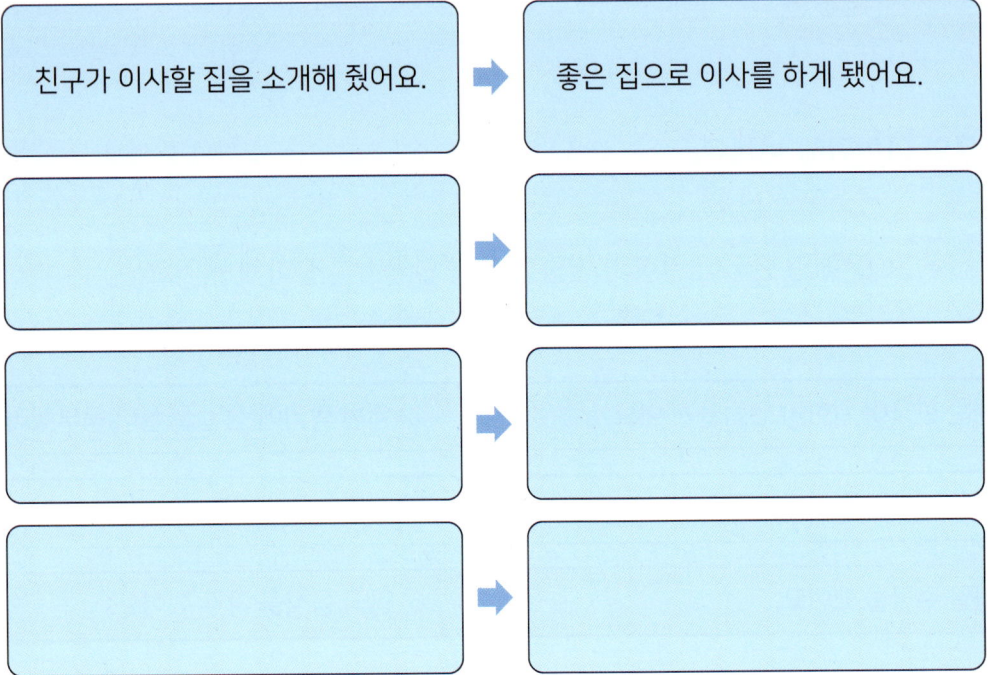

| 친구가 이사할 집을 소개해 줬어요. | → | 좋은 집으로 이사를 하게 됐어요. |

🎧 11

모범 대화

 저는 작년에 이사를 했어요. 친구가 소개해 준 덕분에 지금 집으로 이사를 하게 됐어요. 친구가 다른 집으로 이사를 가면서 저에게 소개해 준 집이에요. 친구가 짐을 정리하는 것도 도와줘서 아주 편했어요. 저도 친구들이 이사를 하면 도와줄 거예요.

해 보세요

친구에게 도움을 받은 경험에 대해 이야기해 보세요.

더 해 보세요

나에게 도움을 준 사람에게 편지를 써 보세요.

크리스티나 씨에게

한국에 와서 힘들었는데 크리스티나 씨가 저를 많이 도와줘서 항상 고마워요.

크리스티나 씨가 다른 친구들을 소개해 준 덕분에 좋은 친구를 많이 사귀었어요.

그리고 ……

_____에게

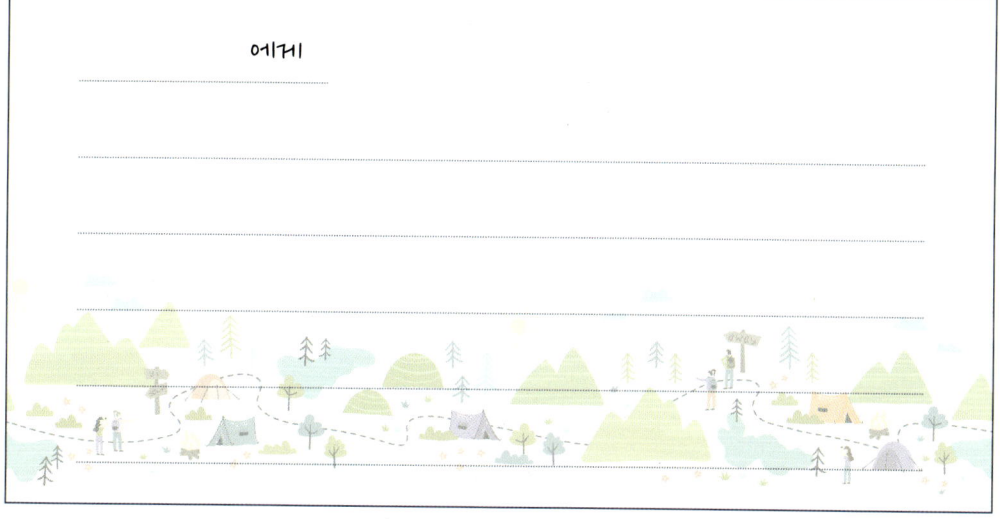

UNIT 4 인간관계

12 저는 주말에 늦잠을 자는데 룸메이트는 아침 일찍 청소를 해요

어휘 생활 습관
문법 -는데 ❶
-은 적이 있다

그림을 보고 이야기해 보세요.

1) 두 사람은 무엇을 해요?

2) 여러분은 주말에 언제 일어나요? 무엇을 해요?

■ 단어를 사용해서 이야기해 보세요.

| 주말 | • 몇 시에 일어나요?
• 몇 시에 밥을 먹어요?
• 보통 무엇을 해요?
• |

| 빨래 | • 언제 해요?   ☐ 평일   ☐ 주말
• 어떻게 해요? ☐ 모두 같이 ☐ 따로
• |

| 설거지 | • 언제 해요?   ☐ 바로   ☐ 모아서 한번에
• |

| 샤워 | • 언제 해요?   ☐ 아침   ☐ 저녁
• 매일 해요?
• |

저는 주말에는 보통 11시에 일어나요.

청소는 평일에 해요. 주말에는 쉬고 싶어요.

저는 주말에 일찍 일어나서 청소를 해요.

[동]-는데 / [형]-(으)ㄴ데 / [명]인데 ❶

주말에는 공원에 사람이 많은데 평일에는 사람이 없어요.

1. 친구와 이야기해 보세요.

이 식당은 분위기가 좋은데 음식은 맛없어요.

1) 이 식당은 분위기가 좋다.	➡	가) 음식은 맛없다.
2) 형은 축구를 잘하다.		나) 회를 안 먹는다.
3) 생선을 좋아하다.		다) 나는 잘 못하다.
4) 고향 날씨는 덥다.		라) 수업이 있다.
5) 주말이다.		마) 한국 날씨는 춥다.

2. 여러분의 고향과 한국은 무엇이 달라요? 이야기해 보세요.

한국은 겨울이 있는데 우리 고향은 겨울이 없어요.

한국은 매운 음식이 많은데 우리 고향 음식은 맵지 않아요.

[동]-(으)ㄴ 적이 있다/없다

가: 경주에 가 본 적이 있어요?
나: 네. 경주에 가 본 적이 있어요.

1. 친구와 이야기해 보세요.

> 한국에서 여행해 본 적이 있어요?

> 네. 경주하고 전주에 가 본 적이 있어요.

> 아니요. 가 본 적이 없어요.

1) 한국에서 여행해 본 적이 있어요?
2) 공연을 본 적이 있어요?
3) 한옥에서 자 본 적이 있어요?
4) 도서관에서 책을 빌린 적이 있어요?
5) 유명한 사람을 만난 적이 있어요?
6) 길을 잃은 적이 있어요?

2. 특별한 경험을 이야기해 보세요.

> 제주도에서 말을 타 본 적이 있어요.

> 어땠어요? 재미있었어요?

> 경복궁에서 한복을 입고 사진을 찍은 적이 있어요.

> 그래요? 보여 주세요.

함께 해 봅시다

준비하세요

학교 게시판의 글을 읽어보세요.

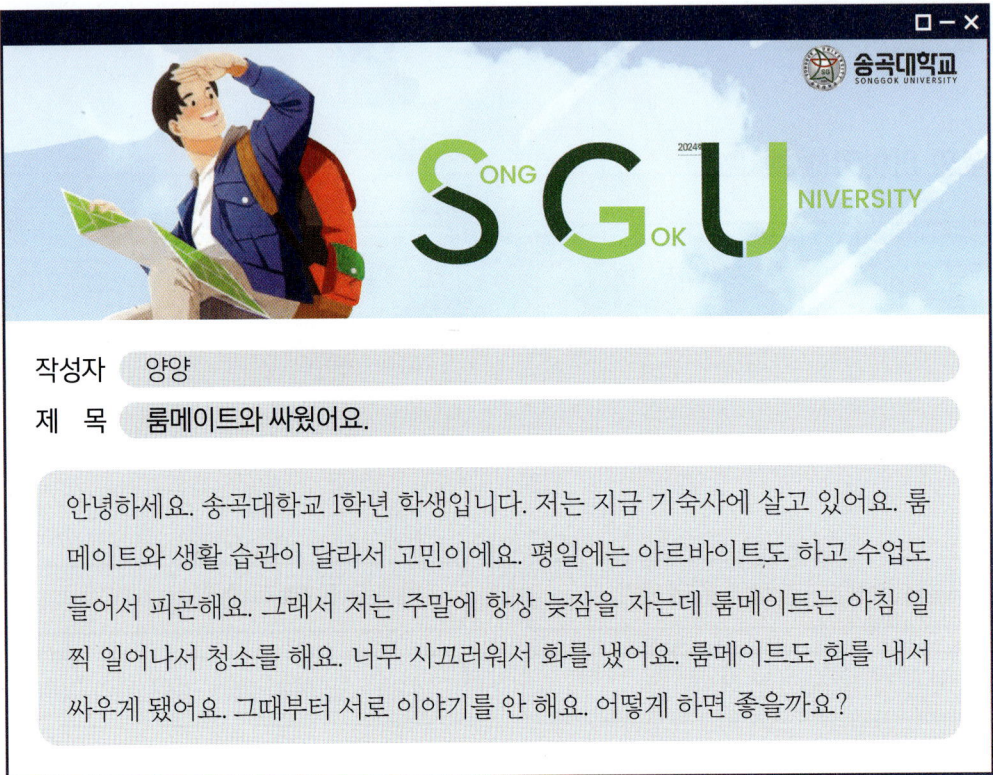

작성자: 양양
제 목: 룸메이트와 싸웠어요.

안녕하세요. 송곡대학교 1학년 학생입니다. 저는 지금 기숙사에 살고 있어요. 룸메이트와 생활 습관이 달라서 고민이에요. 평일에는 아르바이트도 하고 수업도 들어서 피곤해요. 그래서 저는 주말에 항상 늦잠을 자는데 룸메이트는 아침 일찍 일어나서 청소를 해요. 너무 시끄러워서 화를 냈어요. 룸메이트도 화를 내서 싸우게 됐어요. 그때부터 서로 이야기를 안 해요. 어떻게 하면 좋을까요?

- 이 사람은 왜 글을 썼어요?
- 룸메이트와 왜 싸웠어요?
- 어떻게 하면 좋을까요?

해 보세요

친구의 고민을 듣고 이야기해 보세요.

> 고민 룸메이트와 생활 습관이 달라요.

모범 대화

수지: 무슨 일 있어요?
양양: 어제 룸메이트하고 싸웠어요.
수지: 왜 싸웠어요?
양양: 룸메이트가 설거지를 바로 하지 않아서 싸웠어요. 저는 밥을 먹고 바로 설거지를 하는데 룸메이트는 모아서 해요.
수지: 생활 습관이 달라서 그래요. 저도 룸메이트하고 싸운 적이 있어요. 저는 주말에 늦잠을 자는데 룸메이트는 주말 아침에 청소를 해서 싸웠어요. 너무 시끄러웠어요.
양양: 어떻게 화해했어요?
수지: 청소 시간을 정해서 하기로 했어요. 그리고 서로의 습관을 이야기했어요. 양양 씨도 룸메이트하고 이야기해 보세요.
양양: 네. 저도 룸메이트하고 이야기해 볼게요. 고마워요.

더 해 보세요

친구와 싸운 경험을 이야기해 보세요.

> 저는 룸메이트하고 아침에 씻는 시간이 같아서 싸운 적이 있어요. 먼저 준비를 하고 싶어서요. 그리고….

UNIT 5

Unit 5. 약속

13. 저도 가 보고 싶었는데 같이 갈래요?
14. 날짜를 바꿨으면 좋겠어요
15. 수업이 끝나니까 6시였어요

UNIT 5 약속

13 저도 가 보고 싶었는데 같이 갈래요?

어휘 주말에 하고 싶은 일
문법 -는데 ❷

그림을 보고 이야기해 보세요.

1) 친구들이 무슨 이야기를 하는 것 같아요?
2) 주말에 뭘 하고 싶어요?

■ 단어를 사용해서 말해 보세요.

경기를 보다   공연을 보다
소풍 가다   경치가 좋은 곳에 가다
맛집에 가다

주말에 뭐 할 거예요?

야구 경기를 보러 가고 싶어요.

[동]-는데 / [형]-(으)ㄴ데 / [명]인데 ❷

가: 어제 이 원피스를 샀는데 어때요?
나: 예뻐요. 잘 어울려요.

1. 이야기해 보세요.

요즘 한국어를 배우는데 정말 재미있어요.

1) 요즘 한국어를 배워요.
2) 머리가 아파요.
3) 저는 기숙사에 살아요.
4) 우리 반 친구예요.
5) 어제 강남역에 갔어요.

가) 약이 있어요?
나) 어디에 살아요?
다) 성격이 좋아요.
라) 사람이 많았어요.
마) 정말 재미있어요.

2. 그림을 보고 이야기해 보세요.

어제 백화점에 갔는데 선생님을 만났어요.

1) _____ 선생님을 만났어요.

2) _____ 우산 가지고 왔어요?

3) 아이스크림이 있는데 _____?

4) 제 친구인데 _____.

[동]-는데 / [형]-(으)ㄴ데 / [명]인데 ❷

가: 볼펜이 없는데 좀 빌려 주세요.
나: 여기 있어요. 수업 끝나고 주세요.

1. 이야기해 보세요.

날씨가 좋은데 산책하러 갈까요?

1) 날씨가 좋아요.
2) 길이 막혀요.
3) 콘서트 표가 있어요.
4) 밖에 비가 와요.
5) 바람이 많이 불어요.

가) 지하철을 탑시다.
나) 산책하러 갈까요?
다) 같이 보러 갈래요?
라) 창문을 닫을까요?
마) 우산을 가지고 가세요.

2. 그림을 보고 친구와 이야기해 보세요.

우리 주말에 뭐 할까요?

네. 좋아요.

강촌에서 메밀꽃 축제를 하는데 같이 갈까요?

1) 강촌 – 메밀꽃 축제

2) 서울 한강 – 불꽃 축제

3) _____

unit.5. 약속

함께 해 봅시다

준비하세요

친구하고 같이 주말에 뭘 하고 싶어요? 친구에게 이야기해 보세요.

혹시 코미디 영화 **좋아해요**?	영화
이 게임 **알아요**? 내가 요즘 하는 게임**인데** 진짜 재미있어요.	게임
경기장에서 야구 **본 적 있어요**?	운동 경기
제가 좋아하는 가수가 주말에 공연을 시작해요.	공연
인스타에서 이 식당이 아주 **유명해서 가 보고 싶어요**.	유명한 식당
지난번에 친구하고 같이 **가 봤는데** 음식이 아주 맛있었어요.	맛집
이 커피숍 분위기가 좋**을 것 같은데 어때요**?	예쁜 커피숍
인터넷에서 봤는데 여기 경치가 **아름다울 것 같아요**.	경치가 좋은 곳
요즘 날씨가 진짜 **좋지 않아요**?	소풍

해 보세요

친구하고 같이 약속을 정해 보세요.

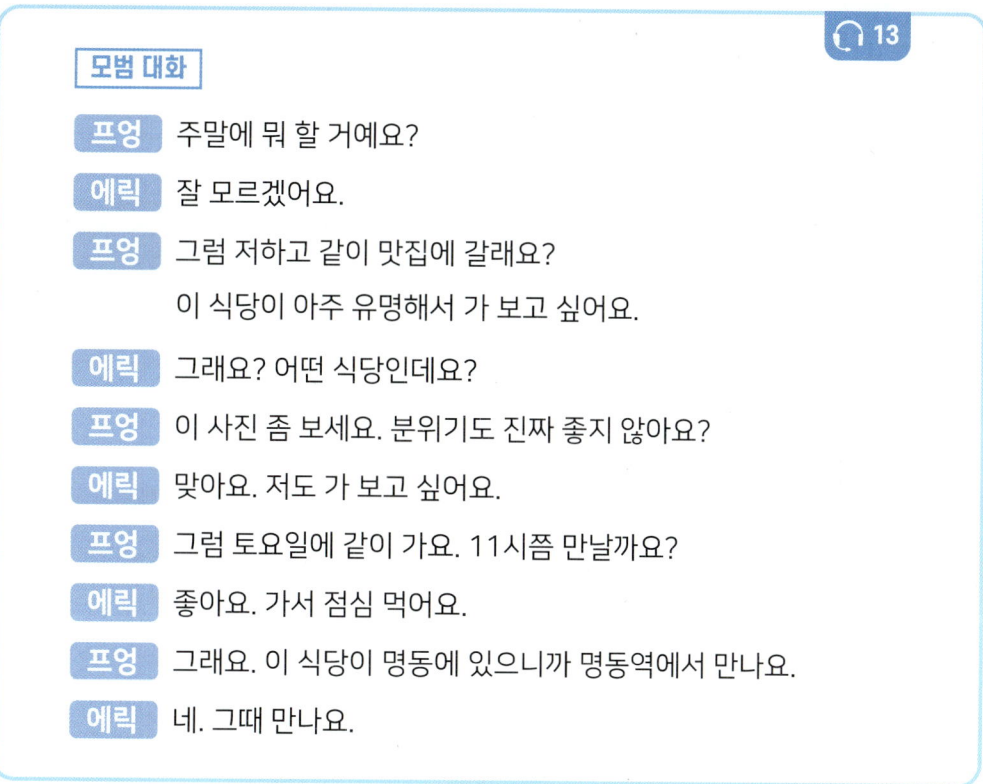

모범 대화

프엉: 주말에 뭐 할 거예요?
에릭: 잘 모르겠어요.
프엉: 그럼 저하고 같이 맛집에 갈래요?
       이 식당이 아주 유명해서 가 보고 싶어요.
에릭: 그래요? 어떤 식당인데요?
프엉: 이 사진 좀 보세요. 분위기도 진짜 좋지 않아요?
에릭: 맞아요. 저도 가 보고 싶어요.
프엉: 그럼 토요일에 같이 가요. 11시쯤 만날까요?
에릭: 좋아요. 가서 점심 먹어요.
프엉: 그래요. 이 식당이 명동에 있으니까 명동역에서 만나요.
에릭: 네. 그때 만나요.

더 해 보세요

주말에 친구하고 같이 한 일을 이야기해 보세요.

UNIT 5 약속

14 날짜를 바꿨으면 좋겠어요

어휘 약속 관련 단어
약속을 바꾸는 이유

문법 -을까요? ❷
-었으면 좋겠어요

Sunday	Monday	Tuesday	We...
2 7시 축구 모임, 학교 운동장 교실	**3**	**4** 2시 3시 학교 커피숍 하산	
9	**10**	**11**	

그림을 보고 이야기해 보세요.

1) 약속이 어떻게 바뀌었어요?

2) 왜 약속을 바꿔요?

■ 단어를 사용해서 말해 보세요.

지키다   취소하다   바꾸다

다치다	병원에 입원하다	급한 일이 생기다
_____에서/한테(서) 갑자기 연락이 오다	수업이 늦게 끝나다	일을 시키다

sday	Thursday	Friday	Saturday
			1
5	6	7	8 6시 명동역, 수지
12	13 ~~6시 서울식당~~	14	15

급한 일이 생겨서 약속을 취소했어요.

사장님이 갑자기 일을 시키셔서 약속 시간을 못 지켰어요.

[동]-(으)ㄹ까요? / [형]-(으)ㄹ까요? / [명]일까요? ❷

가: 영화관에 사람이 많을까요?
나: 주말이니까 아마 많을 거예요.

1. 친구와 이야기해 보세요.

> 음식이 부족할까요?

> 아마 충분할 거예요.

1) 가: _____?
   나: 아마 충분할 거예요.

2) 가: _____?
   나: 아마 매울 거예요.

3) 가: _____?
   나: 아마 좋아할 거예요.

4) 가: _____?
   나: 아마 시험을 잘 봤을 거예요.

2. 여러분의 옛날 친구들은 어떤 모습일까요? 지금 무엇을 할까요? 이야기해 보세요.

> 결혼을 했을까요?

> 아마 결혼을 안 했을 거예요.

> 회사에 다닐까요?

[동]-었으면 좋겠다 / [형]-었으면 좋겠다 / [명]이었/였으면 좋겠다

가: 이번 주말 날씨가 어떨까요?

나: 글쎄요. 이번 주말에 부산에 가니까 날씨가 맑았으면 좋겠어요.

1. 친구와 이야기해 보세요.

> 새 집이 어땠으면 좋겠어요?

> 컸으면 좋겠어요.

1) 새 집이 어땠으면 좋겠어요?

2) 어떤 사람하고 사귀고 싶어요?

3) 내일 뭐 먹고 싶어요?

3) 앞으로의 계획이 뭐예요?

2. 바라는 일이 있어요? 이야기해 보세요.

> 가족이 모두 건강했으면 좋겠어요.

> 한국어를 아주 잘했으면 좋겠어요.

함께 해 봅시다

준비하세요 ❶

메시지를 읽어 보세요.

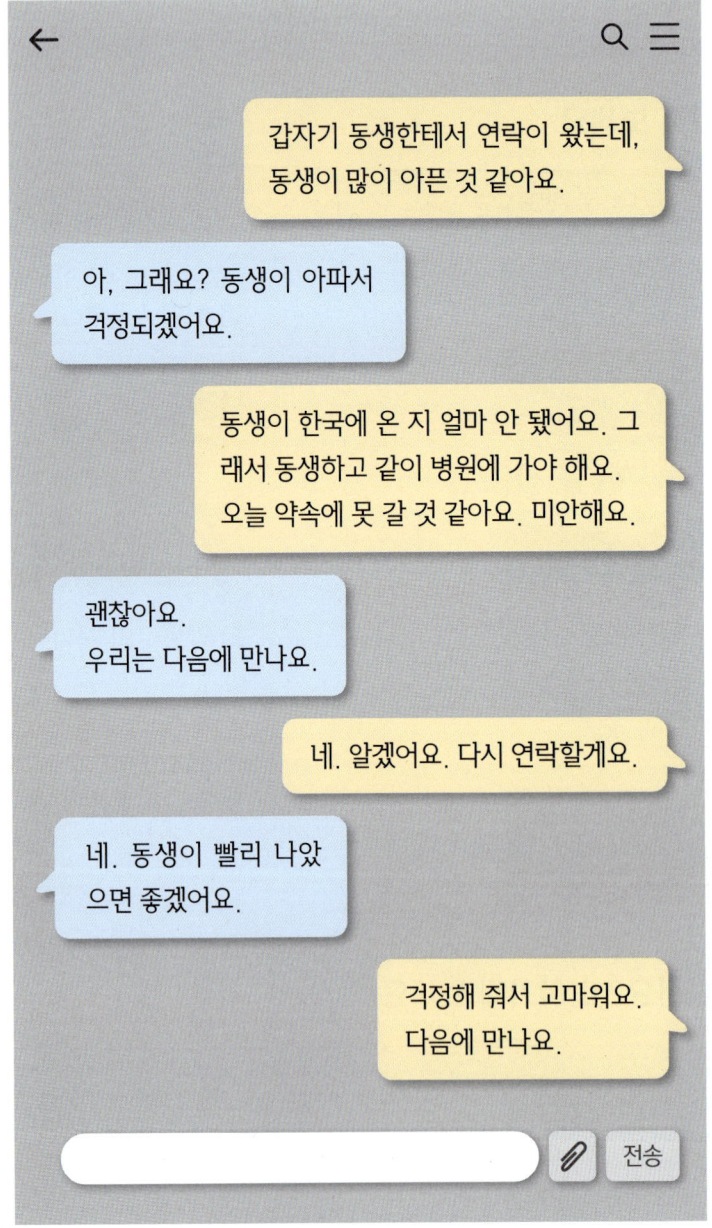

준비하세요 ❷

메시지를 써 보세요.

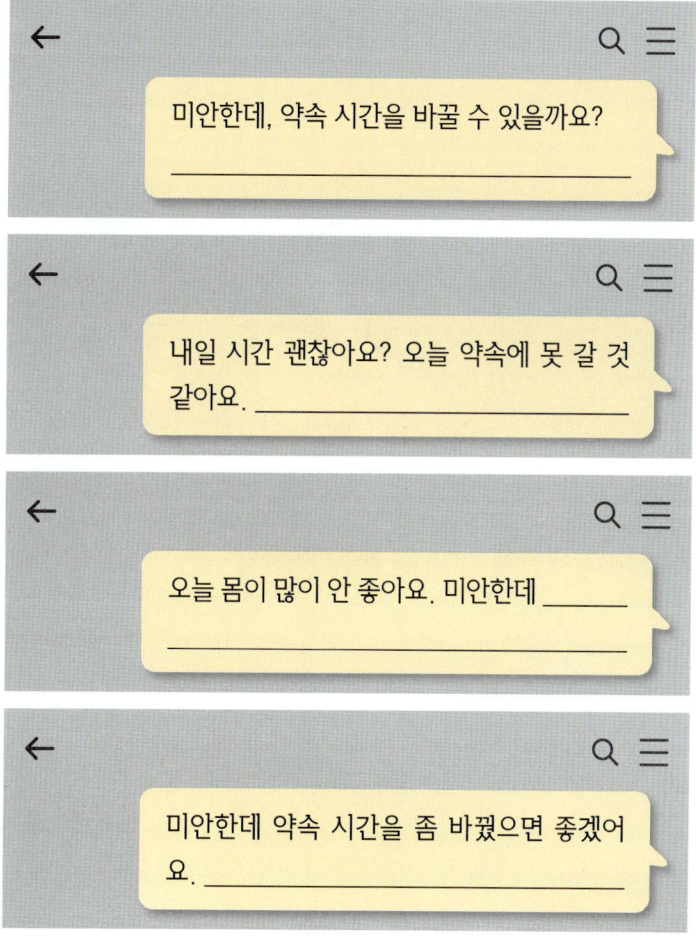

해 보세요

약속을 바꾸는 메시지를 주고받아 보세요.

❶ 약속 날짜나 시간을 바꿔요.
❷ 약속 장소를 바꿔요.
❸ 약속을 취소해요.

unit.5. 약속

UNIT 5 약속

15 수업이 끝나니까 6시였어요

어휘 약속에 늦은 이유
문법 -다가
　　　 -으니까

그림을 보고 이야기해 보세요.

1) 여자는 기분이 어떤 것 같아요?

2) 남자가 여자에게 무슨 이야기를 하는 것 같아요?

1. 그림에 맞는 단어를 골라 써 보세요.

2. 단어를 사용해서 말해 보세요.

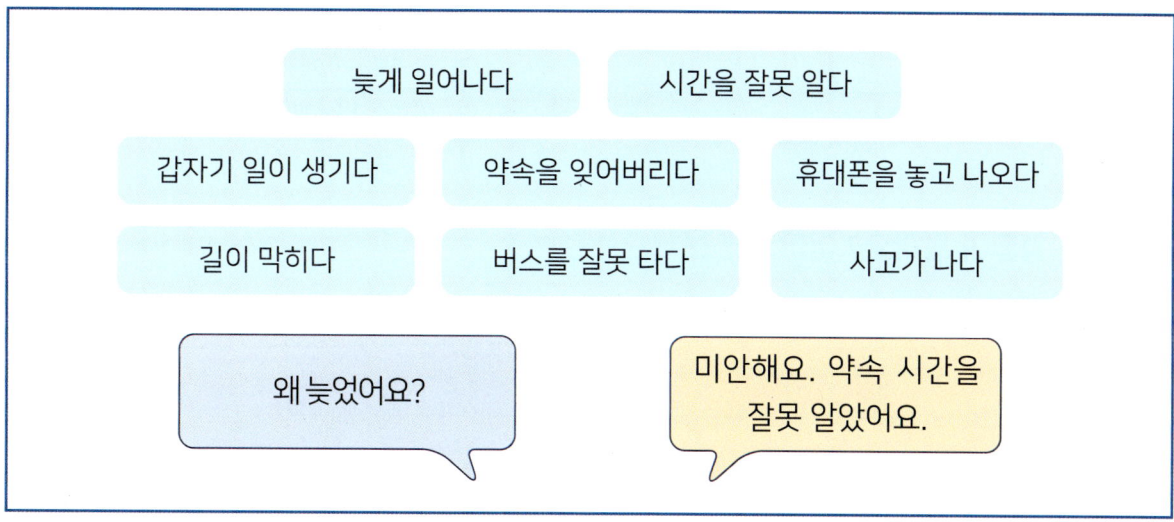

[동]-다가

가: 왜 다리를 다쳤어요?
나: 계단에서 뛰다가 넘어져서 다쳤어요.

1. 친구와 이야기해 보세요.

숙제 다 했어요?

아니요. 피곤해서 숙제를 하다가 잤어요.

1) 숙제 다 했어요?

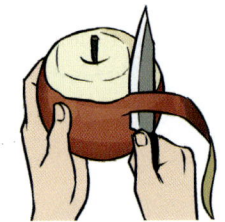

2) 왜 손을 다쳤어요?

3) 지금 눈이 와요?

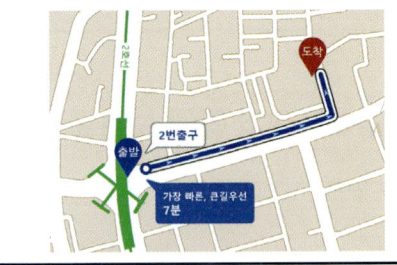

4) ○○○에 어떻게 가요?

2. 다친 경험이 있어요? 이야기해 보세요.

요리를 하다가 다쳤어요.

[동]-(으)니까 ❷

가: 왜 늦었어요?

나: 일어나니까 9시였어요.

1. 친구와 이야기해 보세요.

휴대폰 찾았어요?

교실에 가니까 책상 위에 있었어요.

1) 휴대폰 찾았어요?

2) 아이스크림을 샀어요?

3) 집 앞에 있는 공원에 가 봤어요?

4) 백화점에서 쇼핑했어요?

2. 다른 나라나 도시에 가 봤어요? 경험을 이야기해 보세요.

한국에 가서 비빔밥을 먹어 보니까 맛있었어요.

함께 해 봅시다

해 보세요

친구하고 같이 이야기해 보세요.

가 친구가 약속에 늦어서 화가 났어요.
나 약속에 늦은 이유를 말하고 사과하세요.

준비하세요

가 친구가 약속에 늦으면 기분이 어때요?
친구가 약속에 늦으면 무슨 말을 해요?

지금 어디예요?
지금 몇 시예요?
왜 안 와요?
언제 출발했어요?
언제 와요?

나 약속에 늦은 적이 있어요? 왜 늦었어요?
약속에 늦을 것 같으면 어떻게 해야 해요?
약속에 늦으면 무슨 말을 해요?

일어나니까 10시였어요.
오다가 사고가 났어요.
길이 너무 막혔어요.

(늦어서) 정말 미안해요.
일찍 오려고 했어요. 그런데 ……
다음에는 늦지 않을게요.
다음에는 미리 전화할게요.
제가 (늦었으니까) 밥을 살게요.

모범 대화		🎧 15

메이 양양 씨, 정말 미안해요.

양양 왜 이렇게 늦었어요?

메이 일찍 오려고 했는데 수업이 늦게 끝났어요.
수업이 끝나니까 6시였어요.

양양 메이 씨가 전화도 안 받아서 걱정했어요.

메이 휴대폰을 집에 놓고 와서 전화를 할 수 없었어요.

양양 알겠어요. 다음에는 늦지 마세요.

메이 네. 정말 미안해요. 다음에는 늦지 않을게요.

양양 그럼 이제 밥 먹으러 가요.

메이 그래요. 오늘은 제가 늦었으니까 밥 살게요. 맛있는 거 먹으러 가요.

더 해 보세요

1. 친구하고 같이 이야기해 보세요.

가 친구하고 약속을 했는데 친구가 안 와서 전화를 해요.

나 약속에 늦는 이유를 말하고 사과하세요.

2. 약속에 늦을 것 같아요. 친구에게 메시지를 보내세요.

UNIT 6

Unit 6. 건강

16. 약을 먹는 동안 술을 드시지 마세요

17. 약을 드시고 푹 쉬도록 하세요

18. 좋아하는 가수의 음악을 들으면 기분이 좋아져요

unit 6. 건강

UNIT 6 건강

16 약을 먹는 동안 술을 드시지 마세요

어휘 약
문법 -을 때
　　　 -는 동안

그림을 보고 이야기해 보세요.

1) 여기는 어디예요?
2) 여기에서 무엇을 해요?

■ 단어를 사용해서 말해 보세요.

[동]-(으)ㄹ 때 / [형]-(으)ㄹ 때 / [명] 때

가: 스트레스를 받을 때 어떻게 해요?
나: 저는 스트레스를 받을 때 음악을 들어요.

1. 이야기해 보세요.

시간이 있을 때 뭐 해요?

저는 시간이 있을 때 친구를 만나서 이야기해요.

1) 시간이 있다, 친구를 만나서 이야기해요
2) 스트레스를 받다, 음악을 듣거나 영화를 봐요
3) 심심하다, SNS도 보고 게임도 해요
4) 학생증을 만들다, 사진이 필요해요
5) 처음 한국에 왔다, 긴장했어요
6) 생일 선물을 받았다, 아주 기뻤어요
7) 방학, 보통 바다로 여행을 가요
8) 고등학생, 꿈이 의사였어요

2. 언제 기분이 좋아요? 이야기해 보세요.

언제 기분이 좋아요?

저는 맛있는 음식을 먹을 때 기분이 좋아요.

저는 좋아하는 가수의 음악을 들을 때 기분이 좋아요.

[동]-는 동안 / [명] 동안

감기약을 드시는 동안 술을 마시지 마세요.

1. 이야기해 보세요.

> 친구를 기다리는 동안 책을 읽어요.

1) 친구를 기다리다, 책을 읽어요
2) 공부를 하다, 좋아하는 노래를 들어요
3) 커피를 마시다, 친구와 전화를 했어요
4) 공연을 관람하다, 휴대폰을 꺼 주세요
5) 한 달, 한국 여행을 할 거예요
6) 여름 방학, 아르바이트를 하려고 해요
7) 동생이 밥을 먹다, 저는 TV를 봐요
8) 제가 요리를 하다, 친구는 공부를 했어요

2. 버스나 지하철을 타고 갈 때 무엇을 해요? 이야기해 보세요.

> 저는 버스를 타고 오는 동안 유튜브를 봐요.

> 지하철을 타고 가는 동안 친구와 연락을 해요.

함께 해 봅시다

해 보세요

약국에 가서 약을 사 보세요.

모범 대화

약사: 어서오세요. 어떻게 오셨어요?
제인: 머리 아플 때 먹는 약 있어요?
(잠시 후)
약사: 네. 2800원입니다. 또 필요한 거 없으세요?
제인: 감기약도 하나 주세요.
약사: 여기 있습니다. 모두 6000원이에요. 두통약하고 감기약하고 같이 드시면 안 돼요.
제인: 그래요? 오늘 회식이 있는데, 술을 마셔도 괜찮아요?
약사: 아니요. 약을 드시는 동안 술을 마시지 마세요.
제인: 네. 카드로 계산해 주세요.
(잠시 후)
약사: 영수증 드릴까요?
제인: 괜찮아요. 감사합니다.
약사: 안녕히 가세요.

더 해 보세요

약 먹는 방법, 사용하는 방법을 이야기해 보세요.

하루에 3번 먹어요.

최대 8개까지 먹을 수 있어요.

속이 불편할 때 먹어요.

자주 먹으면 좋지 않아요.

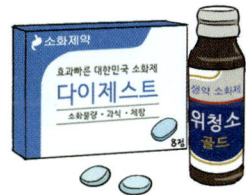

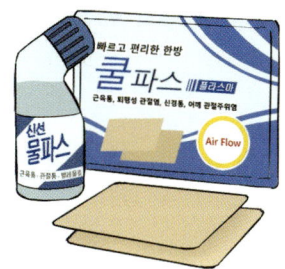

아플 때마다 발라요.

보통 12시간 이내에 떼요.

UNIT 6 건강

17 약을 드시고 푹 쉬도록 하세요

어휘 병원 진료
문법 -도록 하세요
　　　 -어야 하다/되다

그림을 보고 이야기해 보세요.

1) 여기는 어디예요? 무엇을 하고 있어요?
2) 한국에서 병원에 가 봤어요?

■ 언제부터 아팠어요? 이야기해 보세요.

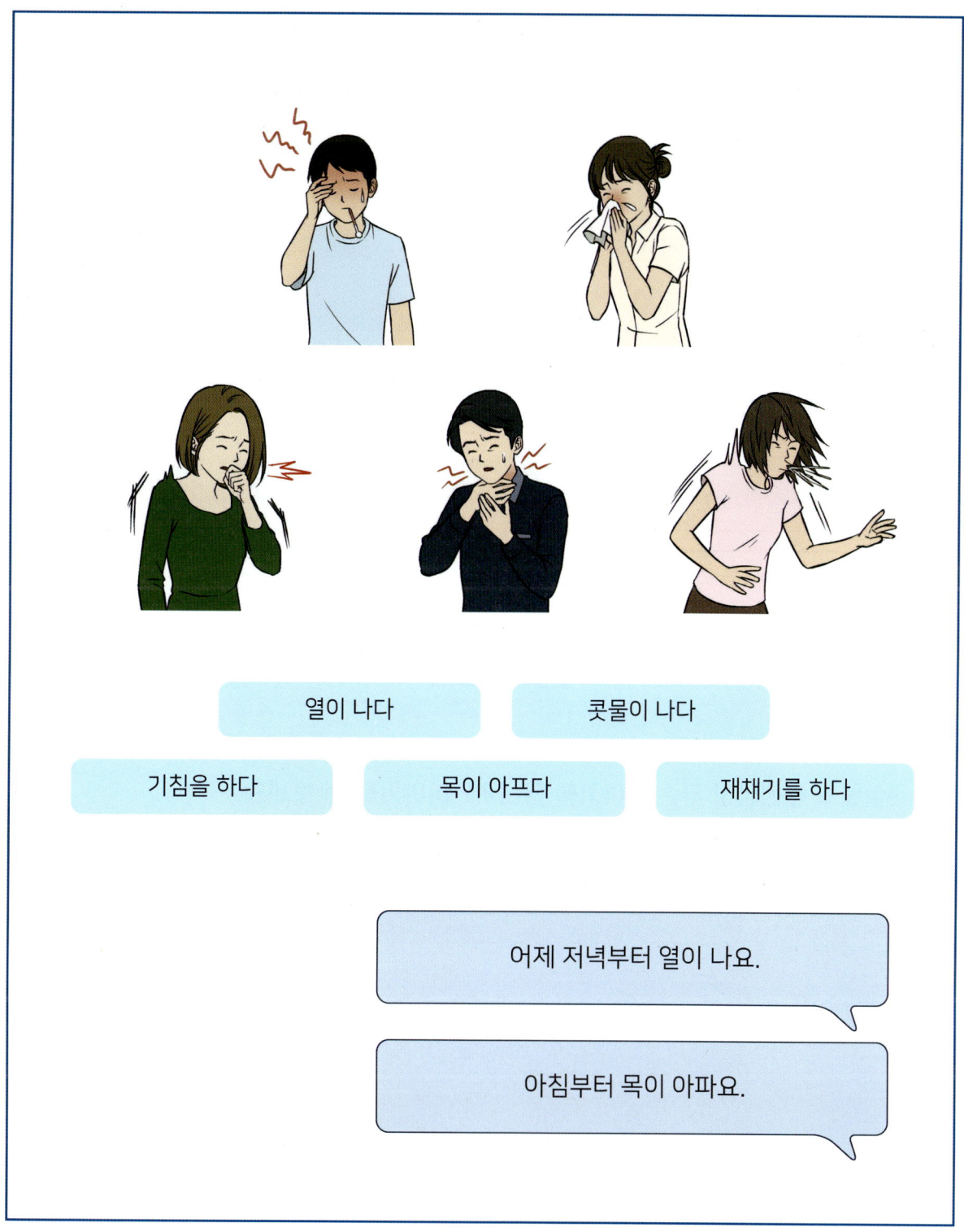

[동]-도록 하세요

약을 드시고 푹 쉬도록 하세요.

1. 이야기해 보세요.

회의 준비를 잘하도록 하세요.

1) 회의 준비를 잘하세요.
2) 여행 준비를 미리 하세요.
3) 내일 공부할 단어를 외워 오세요.
4) 내일은 지각하지 마세요.
5) 오늘 저녁 약속을 잊지 마세요.
6) 병원에서는 뛰지 마세요.

2. 교실에서 선생님이 무슨 이야기를 합니까? 이야기를 해 보세요.

교실에서는 한국어를 사용하도록 하세요.

교실에 쓰레기를 버리지 않도록 하세요.

[동]-어야 하다/되다 / [형]-어야 하다/되다

집에 들어오면 손을 깨끗이 씻어야 합니다.

1. 이야기해 보세요.

> 요즘 날씨가 추우니까 따뜻한 옷을 입어야 해요.

1) 요즘 날씨가 추우니까 _____.
2) 내일 시험이 있어서 _____.
3) 수업 시간에는 _____.
4) 차에 타면 _____.
5) 도서관에서 책을 빌리고 싶으면 _____.
6) 한국 회사에 들어가고 싶으면 _____.

2. 다음 장소에서 해야 할 일, 하지 않아야 할 일은 무엇입니까? 이야기해 보세요.

> 수영장에서 뛰지 않아야 합니다.

함께 해 봅시다

해 보세요 ❶

병원 진료 신청 양식을 써 보세요.

진료 신청서	
이름	
외국인 등록번호	
전화번호	
주소	
증상	

해 보세요 ❷

병원에 가서 진료를 받아 보세요.

모범 대화

간호사: 안녕하세요. 성함이 어떻게 되세요?
토모: 토모이에요. 이 병원에 처음 왔어요.
간호사: 그러면 진료 신청서를 써 주시겠어요?
(잠시 후)
토모: 여기 있어요.
간호사: 잠시만 앞에서 기다려 주세요.
(잠시 후)
간호사: 토모 님, 2번 진료실로 들어오세요.
(잠시 후)
의사: 여기 앉으세요. 어디가 아파서 오셨어요?
토모: 어제부터 목도 아프고 기침도 많이 나요.
의사: 감기예요. 3일 동안 약을 드시고 따뜻한 물을 많이 마시도록 하세요.

더 해 보세요

한국에서는 아플 때 어떻게 해요? 이야기해 보세요.

\<병원\>

접수하다

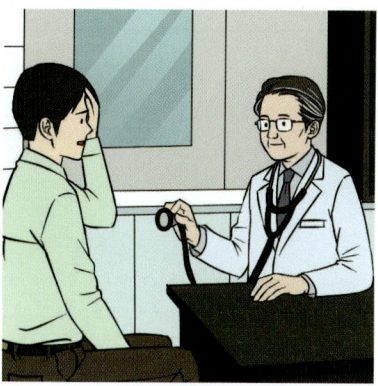
진료를 받다

처방전을 받다

\<약국\>

처방전을 내다

약을 받다

UNIT 6 건강

18 좋아하는 가수의 음악을 들으면 기분이 좋아져요

어휘 기분 ❶
문법 -어도
　　　-어지다

그림을 보고 이야기해 보세요.

1) 친구의 기분이 어떤 것 같아요?
2) 스트레스를 받으면 기분이 어때요?

■ 언제 스트레스를 받아요? 이야기해 보세요.

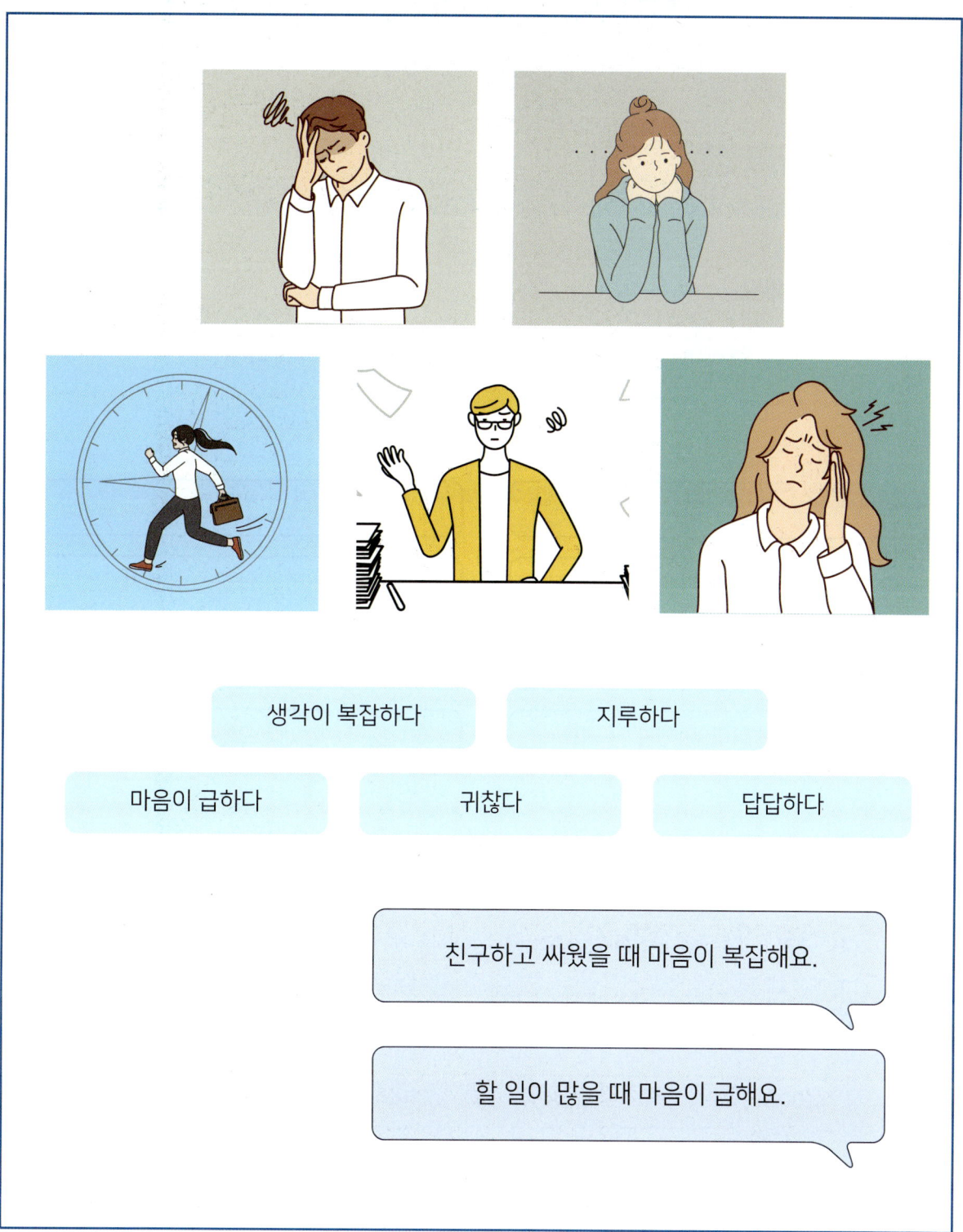

생각이 복잡하다　　지루하다

마음이 급하다　　귀찮다　　답답하다

친구하고 싸웠을 때 마음이 복잡해요.

할 일이 많을 때 마음이 급해요.

unit 6. 건강

[동]-어도 / [형]-어도

날씨가 더워도 찬 음식을 많이 먹으면 안 돼요.

1. 이야기해 보세요.

숙제가 많아도 꼭 해야 돼요.

1) 숙제가 많다, 꼭 해야 돼요
2) 방학이 짧다, 고향에 다녀오고 싶어요
3) 약속 시간이 지나다, 친구가 오지 않았어요
4) 늦게 일어나다, 아침을 꼭 드세요
5) 비가 오다, 놀이공원에 갈 거예요
6) 피곤하다, 씻고 자야 해요
7) 이 책을 여러 번 읽다, 이해가 안 돼요
8) 내일이 시험이다, 오늘 콘서트에 가야 돼요

2. 매일 꼭 해야 하는 일이 있어요? 이야기해 보세요.

저는 피곤해도 운동을 꼭 해요.

시간이 없어도 단어 공부는 꼭 해야 해요.

[형]-어지다

가: 이제 봄이 왔어요.

나: 네. 날씨가 많이 따뜻해졌어요.

1. **이야기해 보세요.**

방이 깨끗해졌어요.

1) 깨끗해지다
2) 비싸지다
3) 사람이 많아지다
4) 추워지다

2. **과거의 여러분과 현재의 여러분은 무엇이 달라졌어요? 이야기해 보세요.**

하산 씨는 고향에 있을 때와 뭐가 달라졌어요?

외국 친구가 많아졌어요.

함께 해 봅시다

준비하세요

읽어 보세요.

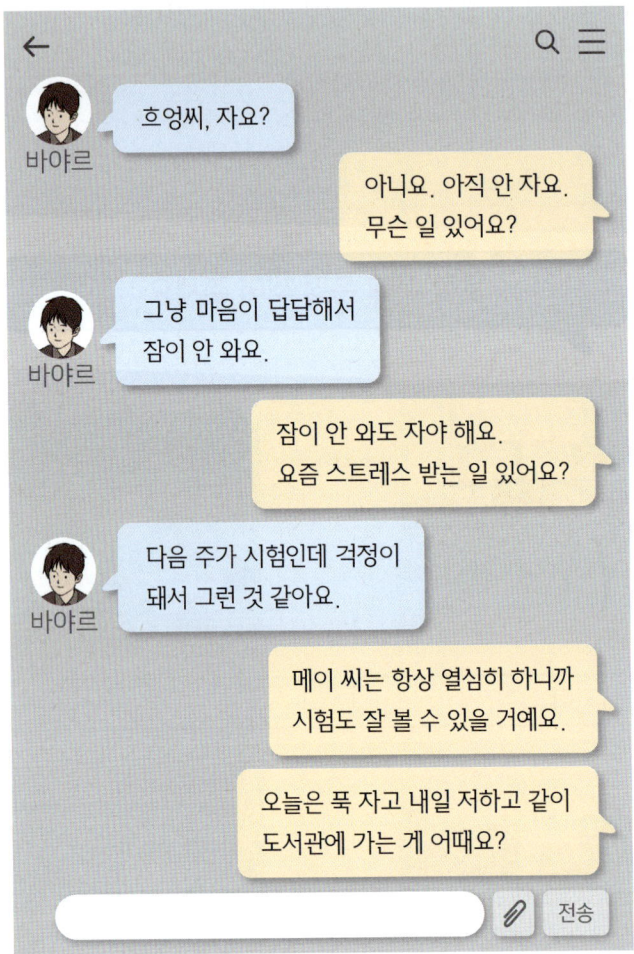

해 보세요

친구하고 같이 이야기해 보세요.

가 요즘 스트레스가 많습니다. 친구에게 연락해 보세요.

나 친구의 고민을 듣고 해결 방법을 알려주거나 위로해 주세요.

더 해 보세요

친구들에게 스트레스를 푸는 방법을 이야기해 보세요.

UNIT 7

Unit 7. 시설 이용

19. 통장을 만들려고 왔는데요

20. 등기 우편으로 보내 주세요

21. 신청서를 이메일로 보내도 될까요?

UNIT 7 시설 이용

19 통장을 만들려고 왔는데요

어휘 은행 이용
문법 -으려고
-기 전에

그림을 보고 이야기해 보세요.

1) 여기는 어디예요?
2) 여기에 가서 무엇을 해요?

- **단어를 사용해서 말해 보세요.**

[동]-(으)려고

가: 같이 먹으려고 음식을 많이 했어요. 맛있게 드세요.

나: 고마워요. 잘 먹을게요.

1. 이야기해 보세요.

> 친구에게 선물하려고 꽃을 샀어요.

1) 꽃을 샀어요.
2) 도서관에 가요.
3) 컴퓨터를 켰어요.
4) 메시지를 보냈어요.
5) 열심히 공부하고 있어요.
6) 돈을 모으고 있어요.
7) 친구를 기다리고 있어요.
8) 택시를 탔어요.

2. 요즘 무엇을 하고 있어요? 이야기해 보세요.

> 토픽을 보려고 준비하고 있어요.

> 이사하려고 집을 찾고 있어요.

> 한국어를 공부하려고 한국 드라마를 보고 있어요.

[동]-기 전에 / [명] 전에

물에 들어가기 전에 준비 운동을 꼭 하세요.

1. 이야기해 보세요.

> 수업 전에 단어를 미리 공부했어요.

1) 수업, 단어를 미리 공부했어요
2) 퇴근, 이 일을 끝내야 해요
3) 10년, 그 친구를 처음 만났어요
4) 발표, 연습을 많이 하세요
5) 한국에 오다, 무슨 일을 했어요?
6) 밥을 먹다, 손을 씻어야 해요
7) 옷을 사다, 입어 보세요
8) 출발하다, 안전벨트를 매야 해요

2. 준비하는 일을 이야기해 보세요.

| 여행 | 쇼핑 | 모임 | 시험 |

> 여행을 가기 전에 호텔을 예약했어요.

> 쇼핑을 하기 전에 살 물건을 정했어요.

> 친구들과 모임을 하기 전에 음식을 주문했어요.

함께 해 봅시다

해 보세요

은행에 가서 통장과 카드를 만들어 보세요.

모범 대화

직원: 어떻게 오셨어요?
에릭: 통장을 만들려고 왔는데요.
직원: 신분증을 주시겠어요?
에릭: 여기요.
직원: 잠시만 기다려 주세요.
(잠시 후)
직원: 여기에 이름을 쓰고 서명해 주세요.
(잠시 후)

직원: 통장 비밀번호가 필요해요. 네 자리 숫자를 입력해 주세요.
체크 카드도 같이 만들어 드릴까요?
에릭: 네.
(잠시 후)

직원: 체크 카드 비밀번호를 눌러 주세요.
(잠시 후)
직원: 다 됐습니다. 통장하고, 체크 카드, 신분증 가져 가세요.
카드를 사용하기 전에 서명을 하세요.
에릭: 네. 알겠습니다. 감사합니다.

더 해 보세요

ATM 화면을 읽어 보세요.

통장에서 돈을 찾아요.

통장에 돈이 얼마나 있어요? 확인해요.

다른 계좌로 돈을 보내요.

내 통장에 돈을 넣어요.

통장이 없어도 돈을 보낼 수 있어요.

UNIT 7 시설 이용

20 등기 우편으로 보내 주세요

어휘 우체국 이용 방법
문법 으로
-은 후에

그림을 보고 이야기해 보세요.

1) 한국에서 우체국을 이용해 봤어요?

2) 우체국에서 물건을 보낼 때 어떻게 해요?

■ 단어를 사용해서 말해 보세요.

- 소포 접수 양식을 작성해요
- 요금을 내요
- 보낼 물건을 포장해요
- 무게를 재요
- 번호표를 뽑고 기다려요
- 물건을 배달해요

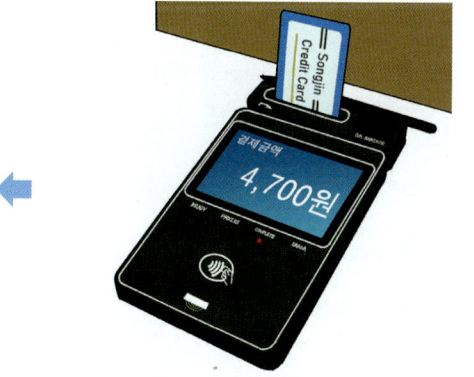

크고 무거운 물건은 요금이 비싸요.

우체국에 사람이 너무 많으면 먼저 번호표를 뽑고 소포 접수 양식을 써요.

[명](으)로

가: 뭘로 하시겠어요?
나: 이걸로 주세요.

1. 이야기해 보세요.

어떤 색으로 하시겠어요?

빨간색으로 할게요.

2. 뭘 먹고 싶어요? 이야기해 보세요.

음료수는 뭘로 하시겠어요?

저는 레모네이드로 할게요.

스파게티	음료수	샐러드	디저트
• 해산물 토마토 스파게티 • 치킨 크림 스파게티	• 커피 • 녹차 • 레모네이드 • 콜라	• 치킨 샐러드 • 감자 샐러드 • 호박 샐러드 • 계란 샐러드	• 쿠키 • 당근 케이크 • 사과 파이

[동]-(으)ㄴ 후에 / [명] 후에

가: 병원에 언제 가요?
나: 오늘 수업이 끝난 후에 갈 거예요.

1. 이야기해 보세요.

> 10분 후에 회의를 시작하겠습니다.

1) 10분, 회의를 시작하겠습니다
2) 잠시, 공연이 시작됩니다
3) 퇴근, 만날까요?
4) 잠깐 쉬다, 다시 출발합시다
5) 뉴스가 끝나다, 축구 방송을 할 거예요
6) 숙제를 다 하다, 놀게요
7) 밥을 먹다, 설거지를 했어요
8) 학교를 졸업하다, 뭘 하고 싶어요?

2. 뭘 먼저 하고 싶어요? 이야기해 보세요.

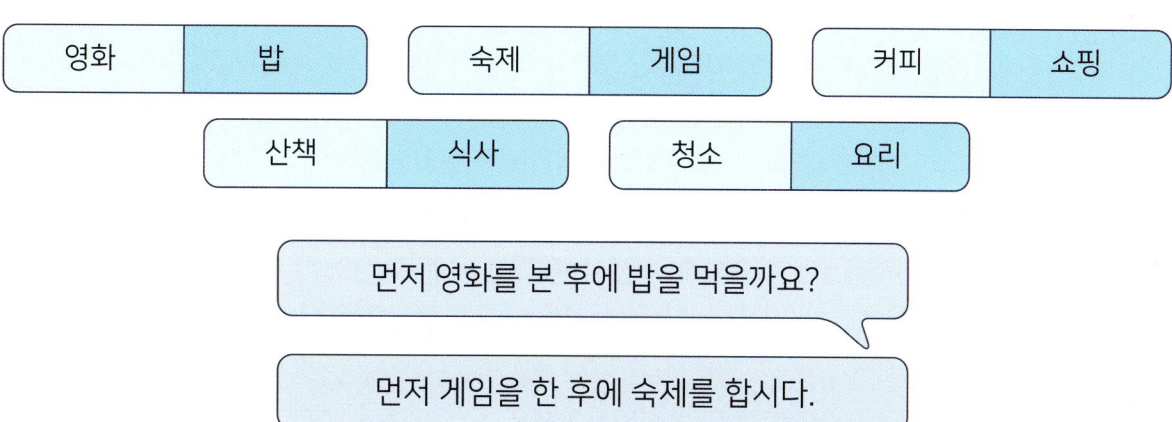

> 먼저 영화를 본 후에 밥을 먹을까요?

> 먼저 게임을 한 후에 숙제를 합시다.

함께 해 봅시다

준비하세요

택배/소포 접수 양식을 써 보세요.

소포 접수 용지			
보내는 분	성명	주소	
	전화		☐☐☐☐☐
받는 분	성명	주소	
	전화		☐☐☐☐☐
내용 품명	☐냉장 ☐냉동 ☐파손	☐ 안심 소포(물건 가격 원) ☐ 착불 소포	2개 이상 접수 시 순번 번째

해 보세요

우체국에서 편지나 물건을 보내 보세요.

🎧 20

> **모범 대화**
>
> **안나**: 안녕하세요? 택배를 보내려고 하는데요.
> **직원**: 네. 상자를 여기에 올려 놓으세요. 접수 용지는 저에게 주세요.
> (잠시 후)
> **직원**: 등기 소포로 하시겠어요? 일반 소포로 하시겠어요?
> **안나**: 네? 등기 소포가 뭔가요?
> **직원**: 등기 소포는 일반 소포보다 빨리 가요.
> 그리고 배달이 된 후에 도착 메시지를 받을 수 있어요.
> **안나**: 그럼 등기 소포로 할게요.
> **직원**: 네. 그렇게 해 드릴게요. (잠시 후) 다 됐습니다.
> 요금은 4500원입니다. 모바일 영수증으로 하시겠어요?
> **안나**: 네.
> **직원**: (잠시 후) 다 됐습니다. 안녕히 가세요.
> **안나**: 감사합니다. 안녕히 계세요.

더 해 보세요

다음 메시지를 읽어 보세요.

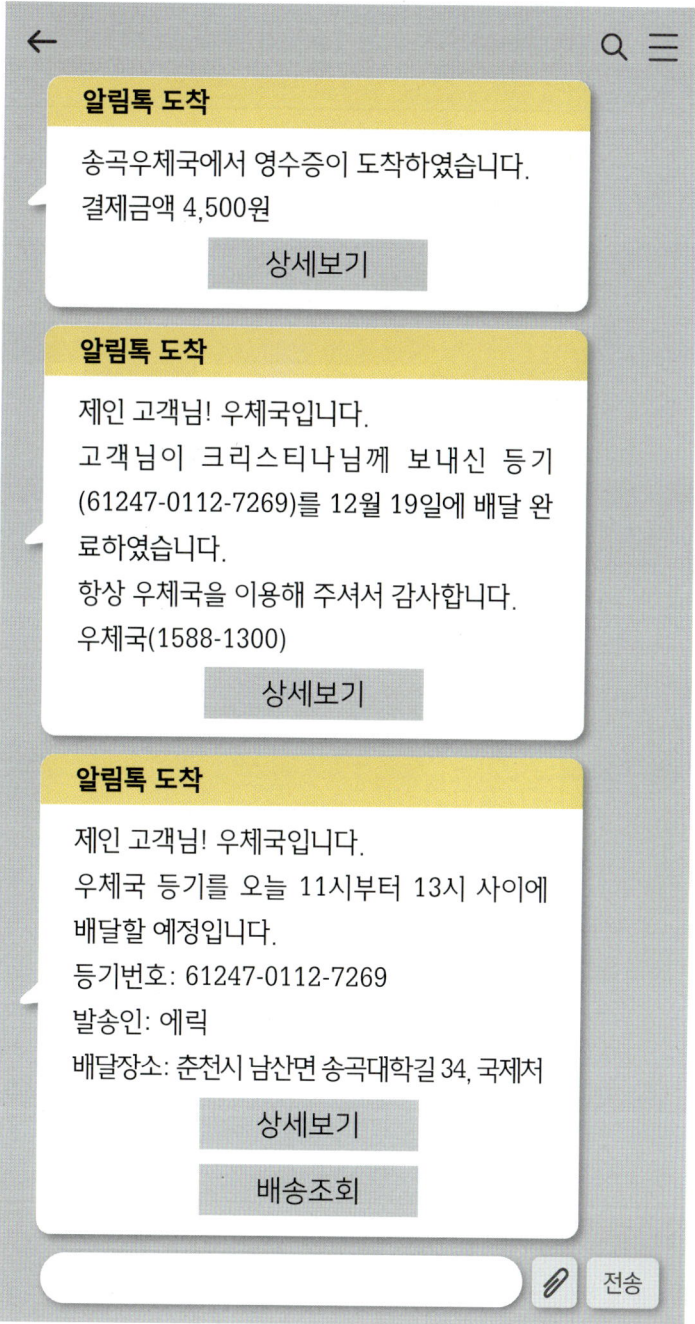

UNIT 7 시설 이용

21. 신청서를 이메일로 보내도 될까요?

어휘 신청, 서류 준비
문법 -어도 되다, -으면 안 되다

그림을 보고 이야기해 보세요.

1) 위의 글에서 무엇에 관심이 있어요?
2) 우리 학교 게시판에서 어떤 글을 봤어요?

■ 서류를 어떻게 준비할 수 있어요? 이야기해 보세요.

> 한국어교육센터 사무실에 가면 성적 증명서를 받을 수 있어요.

> 우리 반 선생님에게 부탁해서 추천서를 받아요.

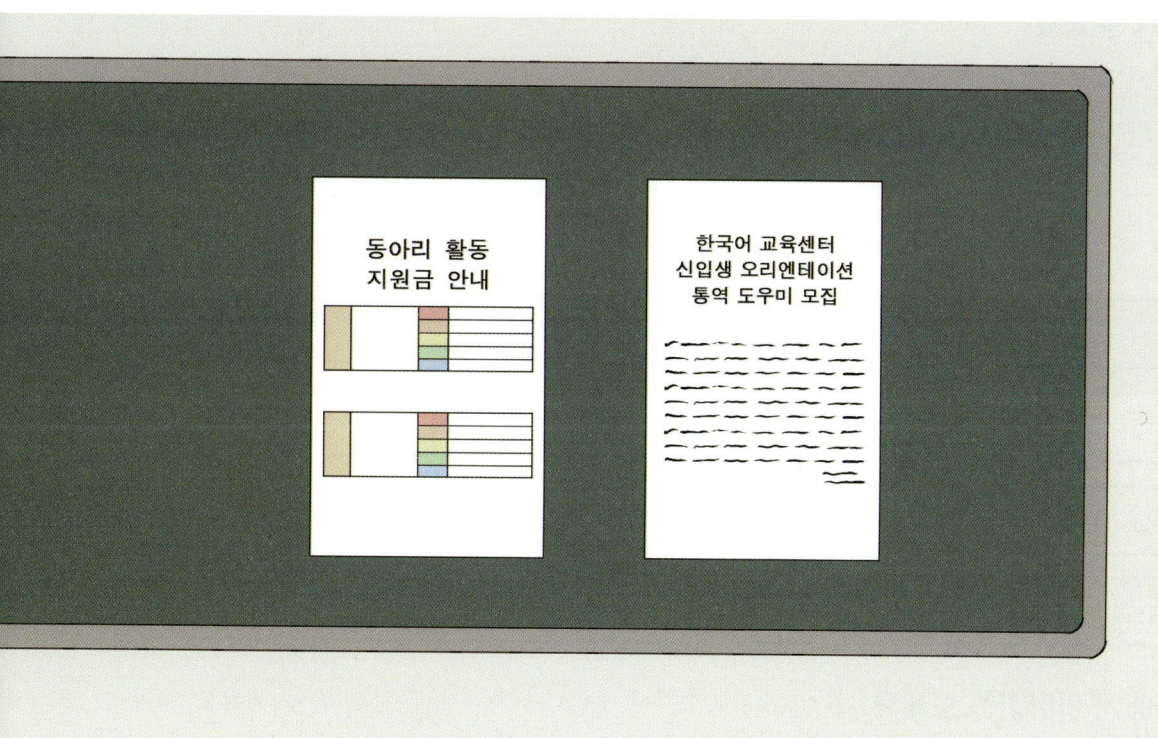

신청서를 쓰다

서류를 준비하다

서류를 내다

신청서

성적 증명서

활동 계획서

추천서

자기소개서

[동]-어도 되다

가: 선생님, 저 오늘 몸이 좀 안 좋은데 일찍 가도 될까요?
나: 네. 많이 아프면 집에 가서 쉬어도 돼요.

1. 이야기해 보세요.

들어가도 돼요?

네. 괜찮아요.

아니요. 안 돼요.

1) 들어가다
2) 창문을 열다
3) 이 음식을 먹다
4) 여기 앉다
5) 에어컨을 켜다
6) 이 펜을 쓰다
7) 이 옷을 입어 보다
8) 라디오를 끄다

2. 선생님에게 이야기해 보세요.

중요한 전화예요. 전화를 받고 와도 될까요?

숙제를 집에 두고 왔어요. 숙제를 내일 내도 될까요?

부탁드릴 일이 있는데요. 지금 말씀드려도 될까요?

한국말로 말하기가 어려워요. 영어로 이야기해도 될까요?

[동]-(으)면 안 되다

음식을 가지고 들어가면 안 됩니다.

1. 이야기해 보세요.

여기에서 사진을 찍으면 안 돼요.

2. 해도 되는 일과 하면 안 되는 일을 이야기해 보세요.

교실   기숙사   공원   지하철 버스   도서관

교실에서 음식을 먹어도 돼요?

빵이나 과자는 먹어도 돼요. 그런데 냄새가 많이 나는 음식은 먹으면 안 돼요.

unit 7. 시설 이용

함께 해 봅시다

준비하세요

읽어 보세요.

유학생 게시판

TOPIK 장학금

지난 학기보다 토픽 성적이 높은 학생은 장학금을 받을 수 있습니다.

제출 서류: 신청서
토픽 성적 증명서

동아리 활동 지원금

동아리 활동에 필요한 돈을 지원받을 수 있습니다.

제출 서류: 신청서
동아리 활동 계획서

언어 교환 활동

외국어를 공부하는 한국 학생과 만나서 서로의 언어로 말하기를 연습하세요.

제출 서류: 신청서
자기소개서

한국어교육센터 신입생 오리엔테이션 통역 도우미 활동

한국어교육센터 신입생 오리엔테이션을 도와줄 학생을 찾습니다.

제출 서류: 신청서
추천서

해 보세요

친구하고 같이 이야기해 보세요.

가 학생입니다. 유학생 게시판을 보고 학교 사무실에 가서 신청하세요.

나 학교 사무실에서 일하는 선생님입니다. 학생이 가져온 서류를 확인하고 안내해 주세요.

🎧 21

모범 대화

메이 선생님, 안녕하세요?

선생님 네. 안녕하세요? 무슨 일로 왔어요?

메이 토픽 장학금을 신청하고 싶은데요.

선생님 그래요? 서류를 가져 왔어요?

메이 네. 여기요.

(잠시 후)

선생님 신청서는 안 가져 왔어요? 신청서는 인터넷 게시판에 있어요.

메이 그럼 신청서를 이메일로 보내도 될까요?

선생님 괜찮아요.

메이 그럼 집에 가서 이메일로 보내 드릴게요.

선생님 그래요. 내일까지 꼭 내야 해요. 늦으면 안 돼요.

메이 네. 알겠습니다. 감사합니다.

선생님 안녕히 가세요.

더 해 보세요

토픽 장학금 신청서를 써 보세요.

이름(국문)		이름(영문)	
국적		반	____급 ____반
지난 학기 TOPIK 성적		이번 학기 TOPIK 성적	
은행		계좌번호	
			202□ 년 월 일 서명: _____

UNIT 8

Unit 8. 대중매체

22. 한국 음식에 대해서 발표하겠습니다

23. 부모님은 고향에 계세요

24. 내가 도와줄 테니까 걱정하지 마

UNIT 8 대중매체

22 한국 음식에 대해서 발표하겠습니다

어휘 인터넷 이용
문법 -기 때문에
에 대해서

그림을 보고 이야기해 보세요.

1) 인터넷을 사용해서 뭘 할 수 있어요?
2) 여러분은 인터넷으로 어떤 일을 가장 많이 해요?

■ 단어를 사용해서 말해 보세요.

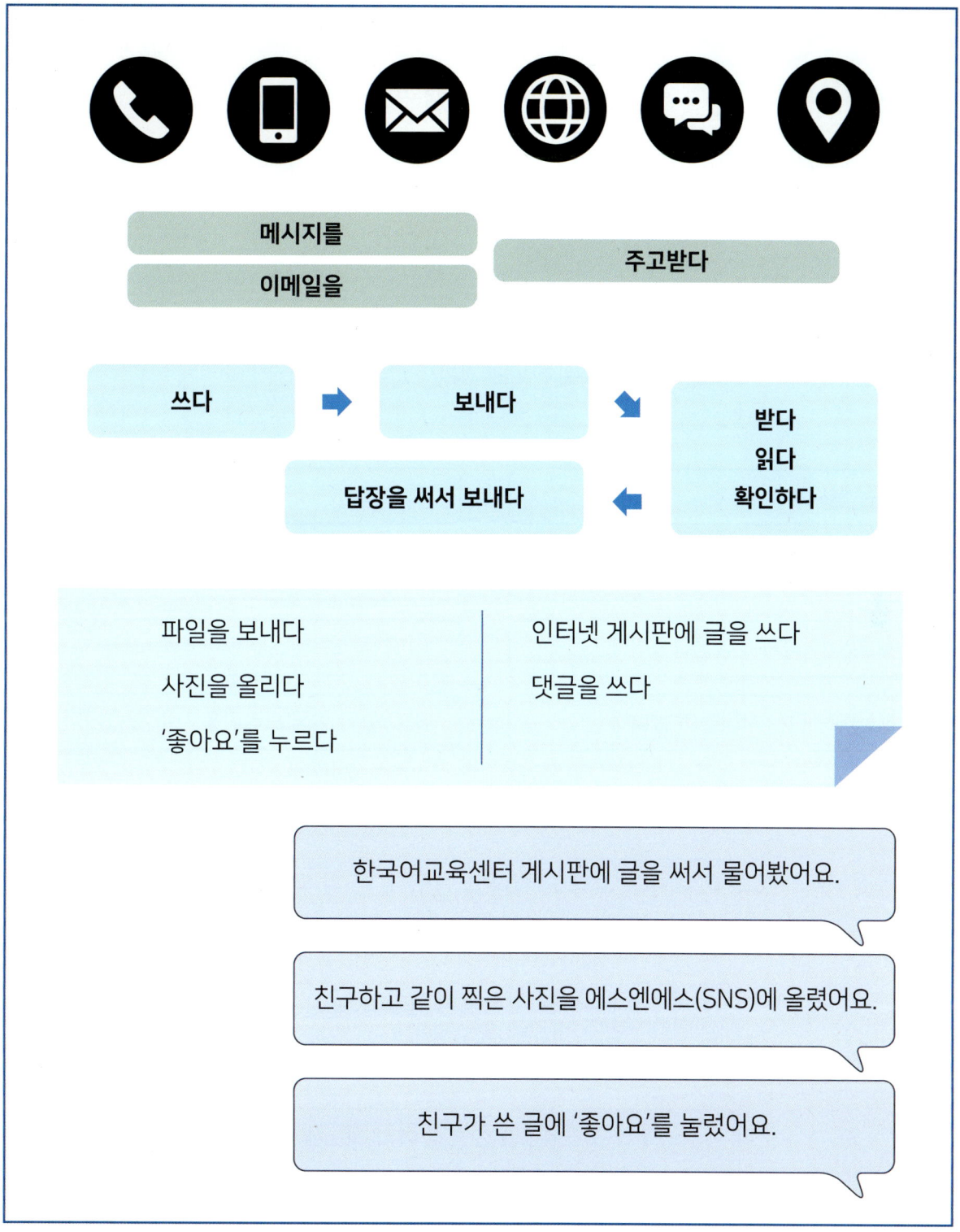

[동]-기 때문에 / [형]-기 때문에 / [명] 때문에

어제 눈이 많이 왔기 때문에 길이 미끄럽습니다.

1. 이야기해 보세요.

추운 날씨 때문에 감기에 걸리는 사람이 많습니다.

1) 추운 날씨
2) 시끄러운 소리
3) 내일은 휴일입니다.
4) 이 식당은 분위기가 좋습니다.
5) 제 고향은 경치가 아름답습니다.
6) 요즘 스트레스를 많이 받습니다.
7) 서울에는 많은 사람들이 삽니다.
8) 그동안 한국 드라마를 자주 봤습니다.

2. 좋아하는 사람에 대해서 이야기해 보세요.

이 가수는 노래도 잘하고 춤도 잘 추기 때문에 인기가 많습니다.

이 친구는 성격이 좋기 때문에 좋아하는 친구가 많습니다.

이 선수는 축구를 정말 잘하기 때문에 많은 사람들이 좋아합니다.

[명]에 대해(서) / [명]에 대한 [명]

저는 우리나라의 문화에 대해서 발표하겠습니다.

1. 이야기해 보세요.

무슨 일로 왔어요?

장학금에 대해서 궁금한 것이 있어서요.

1) 무슨 일로 왔어요?
2) 선생님에게 무슨 질문을 했어요?
3) 친구하고 무슨 이야기를 하고 싶어요?
4) 그 친구가 뭘 물어봤어요?
5) 무엇에 대해서 쓸 거예요?
6) 뭐에 대해서 발표했어요?
7) 무슨 생각을 하고 있어요?
8) 한국 음식에 대해서 어떻게 생각해요?

2. 친구와 같이 이야기해 보세요.

| 가족 | 첫사랑 | 음식과 건강 | 유명한 배우 | 미래 사회 |
| 드라마 | 영화 | 노래 | 책 | 영상 |

이 드라마는 무슨 내용이에요?

가족에 대한 이야기예요.

함께 해 봅시다

준비하세요

우리 반 친구들은 에스엔에스(SNS)를 어떻게 사용해요? 이야기해 보세요.

에스엔에스(SNS)로 뭘 해요?
☐ 가족이나 친구들에게 연락하기
☐ 새로운 친구 사귀기
☐ 필요한 정보 찾기
☐ _____

하루에 에스엔에스(SNS)를 몇 시간이나 해요? _____ 시간 정도

어떤 에스엔에스(SNS)를 사용해요? _____

에스엔에스(SNS)에 대해서 어떻게 생각해요?
☐ 꼭 필요하다
☐ 꼭 필요한 것은 아니다
☐ _____

에스엔에스(SNS)를 이용해서 좋은 점은 뭐예요?
☐ 친구들과 더 자주 연락할 수 있어요.
☐ _____
☐ _____
☐ _____

에스엔에스(SNS)를 이용해서 안 좋은 점은 뭐예요?
☐ 시간을 너무 많이 써요.
☐ _____
☐ _____
☐ _____

해 보세요

1. 우리 반 친구들의 생각을 알아보세요.
2. 1번의 내용을 정리해서 발표해 보세요.

한국 음식 한국어 공부 케이팝 한국 생활

모범 대화

안녕하세요? 저는 토모입니다.

요즘에는 많은 사람들이 거의 매일 에스엔에스(SNS)를 사용합니다. 그래서 저는 우리 반 친구들의 에스엔에스(SNS) 사용에 대해서 발표하겠습니다. 우리 반 친구들은 하루에 3시간 이상 에스엔에스(SNS)를 사용합니다. 가장 많이 사용하는 사람은 5시간 사용했고, 가장 적게 사용하는 사람은 1시간 정도 사용했습니다. 우리 반 친구들이 가장 많이 사용하는 에스엔에스(SNS)는 인스타그램이었습니다. 에스엔에스(SNS)로 가장 많이 하는 일은 친구나 가족과 연락하기였습니다. 그리고 필요한 정보를 찾거나 새로운 친구를 사귈 수도 있습니다. 우리 반 친구들은 에스엔에스(SNS)로 친구들과 더 자주, 편하게 연락할 수 있기 때문에 자주 이용합니다. 하지만 에스엔에스(SNS)를 하면서 시간을 너무 많이 씁니다. 이것은 안 좋은 점입니다. 그래서 에스엔에스(SNS)를 너무 많이 사용하지 않았으면 좋겠습니다. 제 발표는 여기까지입니다. 들어주셔서 감사합니다.

unit 8. 대중매체

UNIT 8 대중매체

23 부모님은 고향에 계세요

어휘 높임말
문법 -으시-
-도록 하겠습니다

그림을 보고 이야기해 보세요.

1) 어떤 사진이에요?
2) 여러분의 가족에 대해서 이야기해 보세요.

■ **단어를 사용해서 말해 보세요.**

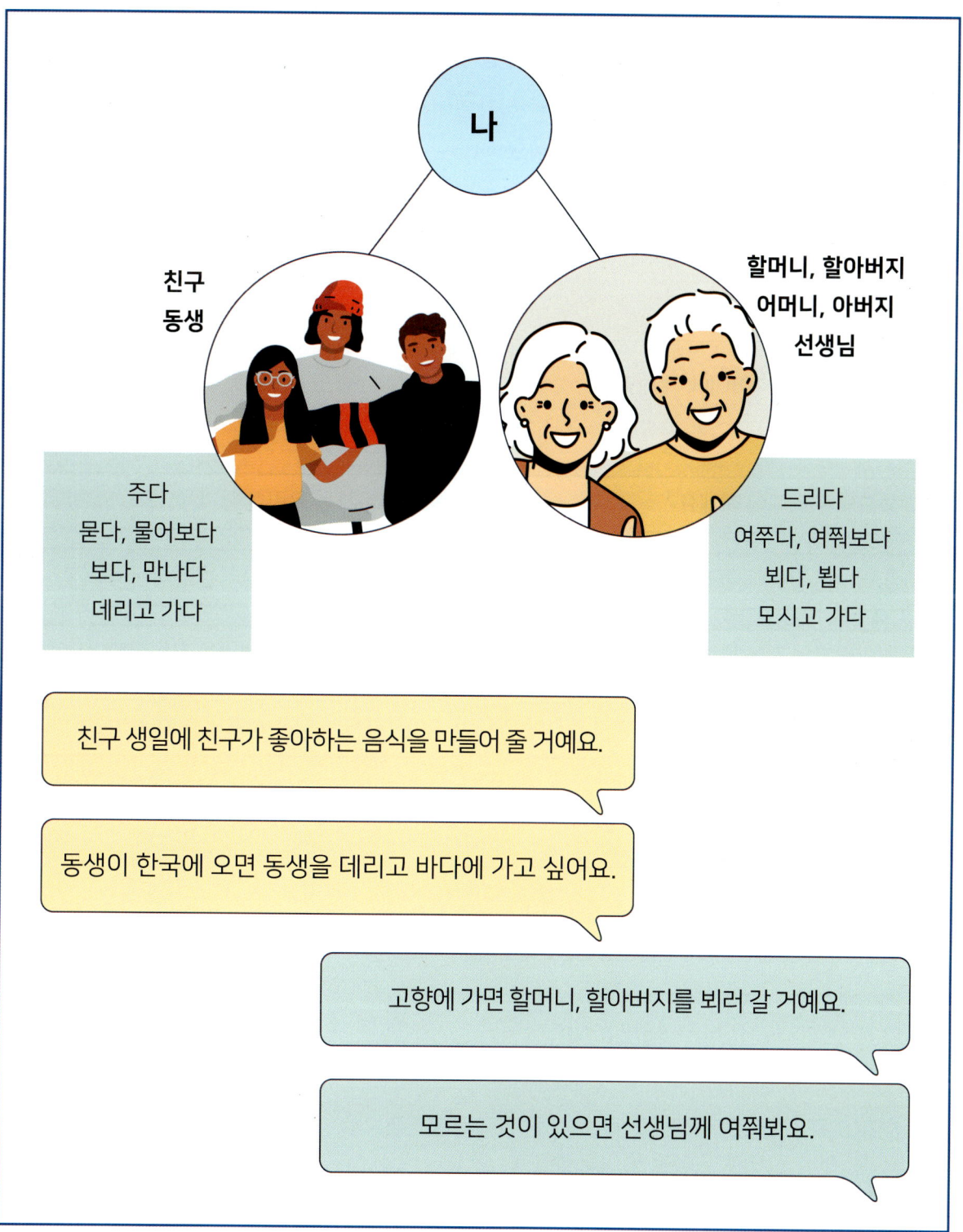

친구, 동생
주다
묻다, 물어보다
보다, 만나다
데리고 가다

할머니, 할아버지, 어머니, 아버지, 선생님
드리다
여쭈다, 여쭤보다
뵈다, 뵙다
모시고 가다

> 친구 생일에 친구가 좋아하는 음식을 만들어 줄 거예요.

> 동생이 한국에 오면 동생을 데리고 바다에 가고 싶어요.

> 고향에 가면 할머니, 할아버지를 뵈러 갈 거예요.

> 모르는 것이 있으면 선생님께 여쭤봐요.

unit 8. 대중매체

[동]-(으)시- / [형]-(으)시- / [명](이)시

가: 부모님은 무슨 일을 하세요?
나: 어머니는 회사원이시고, 아버지는 학교에서 학생들을 가르치세요.

1. 이야기해 보세요.

부모님은 어디에 계세요?

제 고향 호치민에 계세요.

1) 부모님은 어디에 계세요?

2) 아버지는 요리를 잘하세요?

3) 할머니는 건강하세요?

4) 부모님은 한국 음식을 좋아하세요?

5) 할아버지는 전에 무슨 일을 하셨어요?

6) 고등학교 때 선생님은 친절하셨어요?

7) 옆 반 선생님은 어떠세요?

8) 1급 선생님은 성격이 어떠셨어요?

2. 선생님께 질문해 보세요.

선생님, 아침 드셨어요?

선생님, 댁이 어디세요?

어떤 음식을 좋아하세요?

댁
말씀
계시다
드시다
주무시다

[동]-도록 하겠습니다

가: 내일은 늦지 마세요.
나: 네. 앞으로 늦지 않도록 하겠습니다.

1. 이야기해 보세요.

> 내일은 지각하지 마세요.

> 네. 일찍 오도록 하겠습니다.

1) 내일은 지각하지 마세요.
2) 오늘까지 이 일을 끝내 주세요.
3) 오늘 회식에 꼭 와야 해요.
4) 서류를 여러 번 확인하세요.
5) 이메일을 보내 주세요.
6) 이 서류를 내일까지 꼭 내야 해요.
7) 이 서류를 베트남말로 번역해 주세요.
8) 그 회사에 빨리 연락하세요.

2. 약속하는 말을 이야기해 보세요.

일을 하다가 실수했어요.	다시 실수하지 않도록 하겠습니다.
회의에 늦었어요.	앞으로는 늦지 않도록 하겠습니다.
해야 할 일을 다 못했어요.	일을 빨리 끝내도록 하겠습니다.
해야 할 일을 잊어버렸어요.	잊어버리지 않도록 하겠습니다.

unit 8. 대중매체

함께 해 봅시다

준비하세요 ❶

이메일을 읽어 보세요.

보낸사람: 크리스티나
제　목: 김지영 선생님께

2020년 5월 6일 (월) 오후 8:56

김지영 선생님께

선생님, 안녕하세요.
저는 2급 한국어 쓰기 수업을 듣는 크리스티나입니다.

내일 오후에 출입국관리사무소에 가야 하기 때문에 수업에 못 갈 것 같습니다. 죄송합니다.
출입국사무소에 다녀와서 혼자 공부하도록 하겠습니다. 모르는 것이 있으면 선생님께 여쭤보겠습니다.

수업에서 뵙겠습니다.

크리스티나 드림

해 보세요 ❶

선생님께 이메일을 써 보세요.

1) 내일 수업에 늦을 것 같습니다.
2) 내일 수업이 끝나기 전에 가야 합니다.
3) 숙제를 이메일로 보냅니다.

> 숙제를 확인해 주시면 감사하겠습니다.

준비하세요 ❷

이메일을 읽어 보세요.

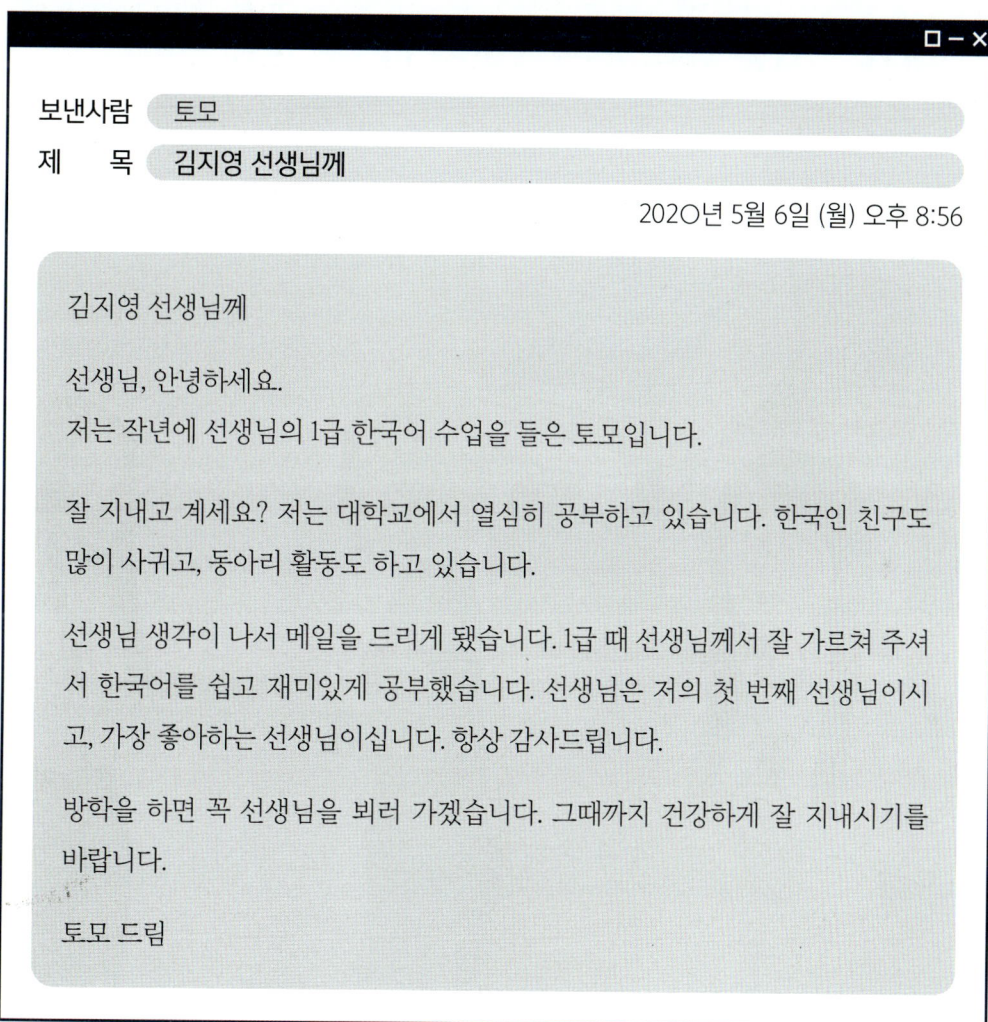

해 보세요 ❷

가장 좋아하는 선생님께 이메일을 써 보세요.

UNIT 8 대중매체

24 내가 도와줄 테니까 걱정하지 마

어휘 부탁하는 일
문법 -을 테니까
　　　 -어

그림을 보고 이야기해 보세요.

1) 이 학생에게 무슨 일이 있는 것 같아요?
2) 이 학생은 어떻게 했을까요?

■ 친구에게 무엇을 부탁할 수 있어요? 이야기해 보세요.

| 도와주다 | 알려 주다 | 사다 주다 |
| 가져다 주다 | 빌려 주다 | 전해 주다 |

메이 씨 전화번호를 알려줄 수 있어요?

휴대폰을 기숙사에 놓고 왔는데
휴대폰 좀 빌려 줄 수 있어요?

몸이 아픈데 약을 사러 갈 수 없어요.
약을 좀 사다 줄 수 있어요?

[동]-(으)ㄹ 테니까

가: 미안해요. 빨리 갈게요.

나: 괜찮아요. 커피 마시고 있을 테니까 천천히 오세요.

1. 이야기해 보세요.

> 제가 영화표를 예약할 테니까 에릭 씨는 팝콘하고 음료수를 사세요.

1) 제가 영화표를 예약할게요.
2) 제가 프엉 씨 생일 케이크를 살게요.
3) 제가 청소할게요.
4) 제가 다시 설명할게요.
5) 제가 도와줄게요.
6) 제가 이따가 전화할게요.
7) 제가 맛있는 음식을 해 줄게요.
8) 제가 기다리고 있을게요.

2. 뭘 먹고 싶어요? 이야기해 보세요.

- 이사하는 친구
- 지갑을 안 가져온 친구
- 오늘 수업에 못 온 친구
- 약속에 늦을 것 같은 친구

> 제가 이사를 도와줄 테니까 걱정하지 마세요.

> 제가 이사를 도와줄 테니까 연락하세요.

[동]-어 / [형]-어 / [명](이)야

가: 아빠, 식사하셨어요?
나: 지금 먹고 있어.

1. 이야기해 보세요.

이거 선물이야.

1) 이거 선물이에요.
2) 고향이 어디예요?
3) 오늘은 학교에 안 가요.
4) 삼계탕이 맛있어요.
5) 제인 씨는 친절해요.
6) 어제는 비가 왔어요.
7) 친구들을 만나서 재미있게 놀았어요.
8) 이따가 친구를 만날 거예요.

2. 반말로 이야기해 보세요.

고향　취미　주말 약속　한국어 공부　좋아하는 음식

취미가 뭐야?
내 취미는 여행이야.

어떤 음식을 좋아해?
나는 매운 음식을 좋아해.

함께 해 봅시다

준비하세요

메시지를 읽어 보세요.

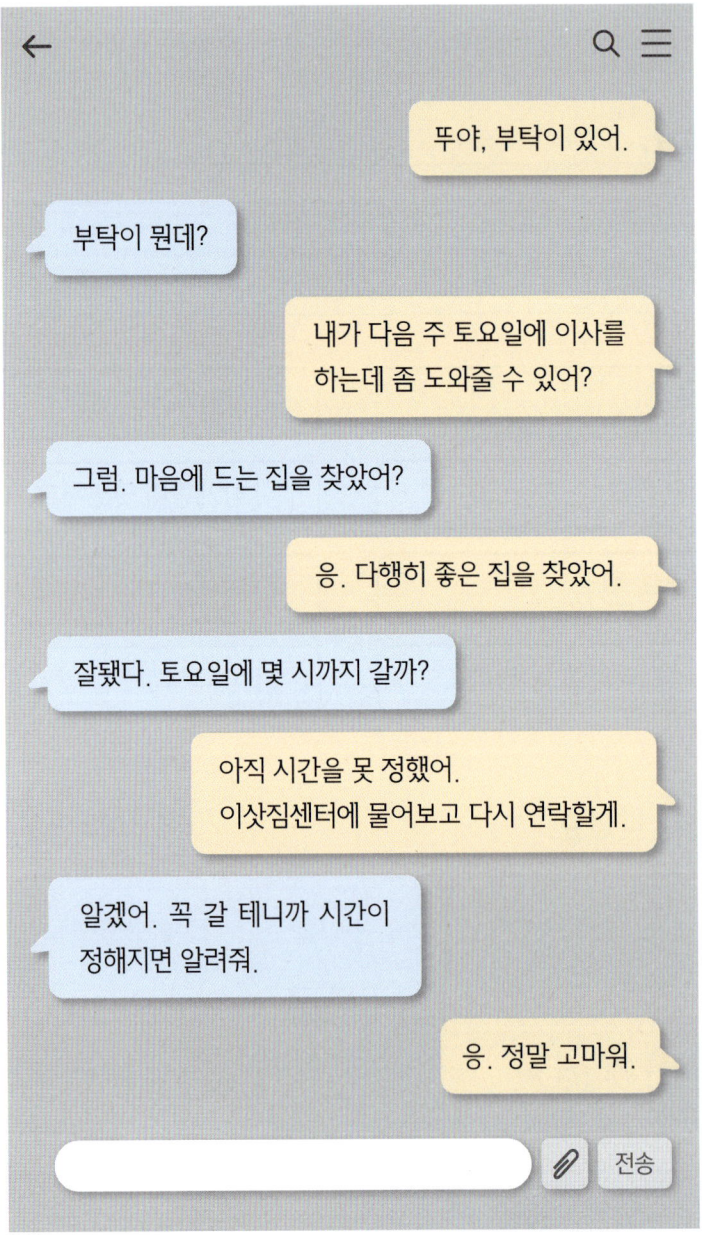

해 보세요

친구에게 부탁하는 메시지를 보내 보세요.

> 오늘 수업에 못 가서 숙제를 몰라요.

> 토픽을 보고 싶은데 신청 방법을 모르겠어요.

> 몸이 아픈데 약을 사러 갈 수 없어요.

> 친구에게 빌린 책을 오늘 돌려주기로 했는데 너무 바빠요. 다른 친구는 그 친구를 오늘 만날 거예요.

> 기숙사에 책을 놓고 왔어요. 방 친구는 아직 기숙사에 있어요.

> 친구의 토픽 책을 한번 보고 책이 좋으면 사고 싶어요.

더 해 보세요

나를 도와준 친구에게 감사 메시지를 보내 보세요.

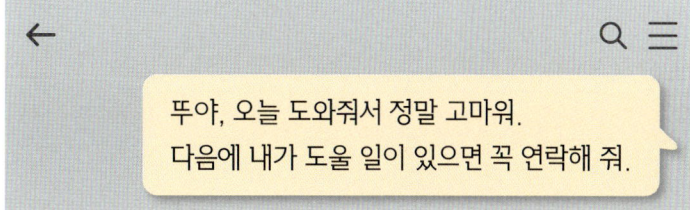

뚜야, 오늘 도와줘서 정말 고마워.
다음에 내가 도울 일이 있으면 꼭 연락해 줘.

UNIT 9

Unit 9. 음식

25. 고추장을 넣고 나서 끓여 주세요

26. 삼겹살은 야채하고 같이 먹으면 더 맛있다고 해요

27. 역시 맛집이네요!

UNIT 9 음식

25 고추장을 넣고 나서 끓여 주세요

어휘 요리 방법
문법 -고 나서
　　　 -어 두다

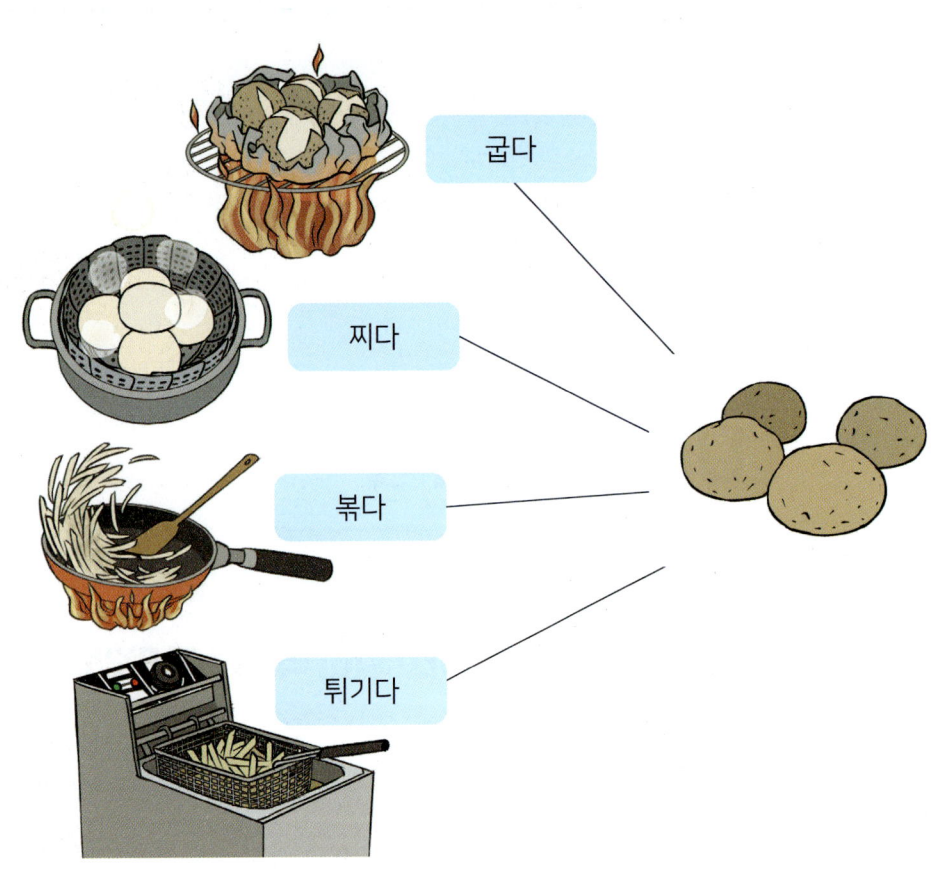

그림을 보고 이야기해 보세요.

1) 감자를 어떻게 요리해요?

2) 여러분은 어떤 요리 방법을 좋아해요?

■ 그림을 보고 감자 샐러드 만드는 방법을 이야기해 보세요.

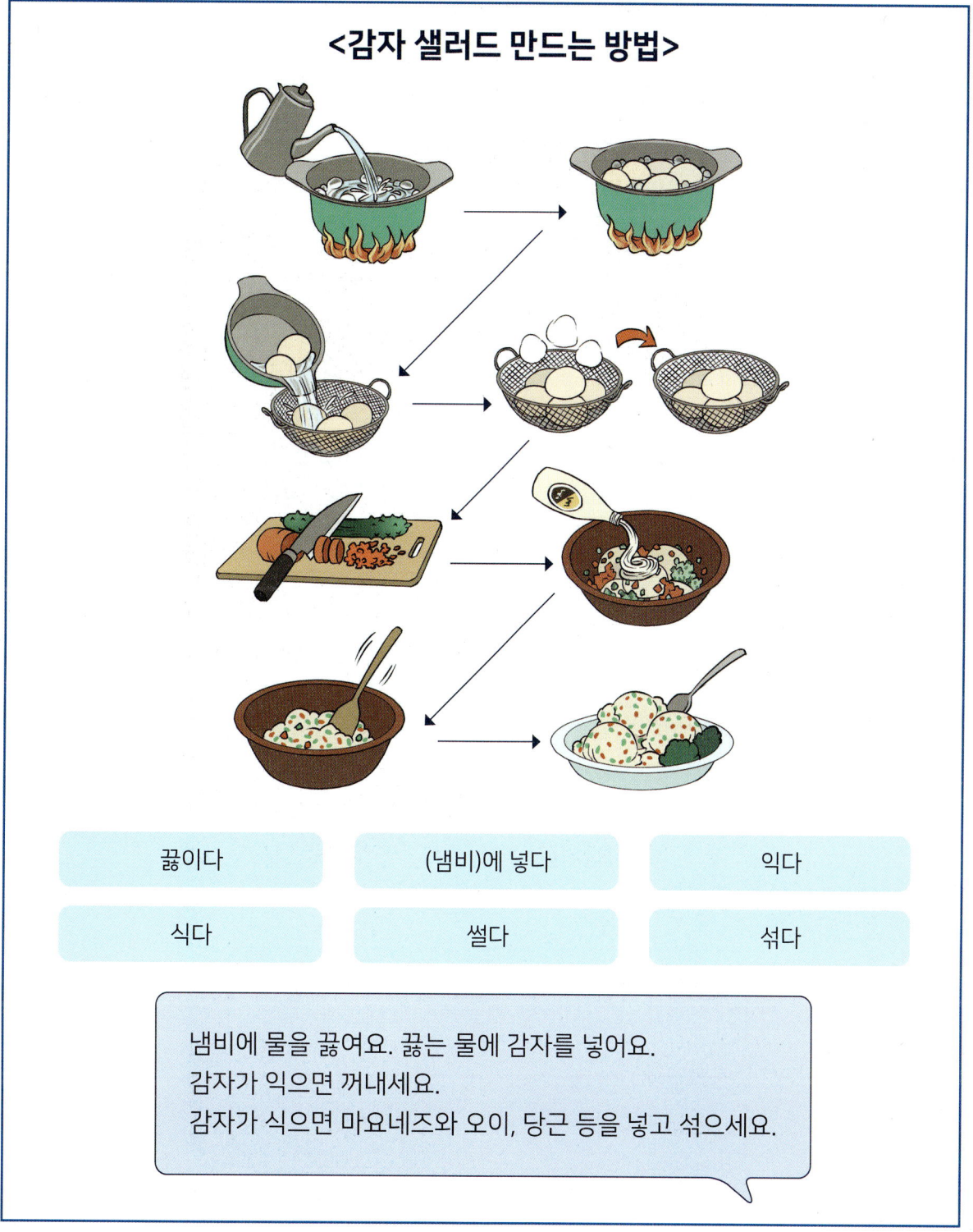

냄비에 물을 끓여요. 끓는 물에 감자를 넣어요.
감자가 익으면 꺼내세요.
감자가 식으면 마요네즈와 오이, 당근 등을 넣고 섞으세요.

[동]-고 나서

마요네즈와 오이, 당근을 넣고 나서 섞으세요.

1. 이야기해 보세요.

> 언제 도서관에 갈 거예요?

> 수업이 끝나고 나서 도서관에 갈 거예요.

1) 가: 언제 도서관에 갈 거예요?
   나: 수업이 끝나요.

2) 가: 언제 쇼핑을 할 거예요?
   나: 먼저 영화를 봐요.

3) 가: 언제 밥을 먹을 거예요?
   나: 숙제를 다 해요.

4) 가: 책을 빌릴 수 있어요?
   나: 먼저, 빌린 책을 반납해야 해요.

5) 가: 고향에 돌아갈 계획이 있어요?
   나: 한국어를 다 배워요.

6) 가: 지갑을 잃어버렸어요?
   나: 네. 버스에서 내렸어요, 지갑이 없어진 것을 알았어요.

2. 아침에 일어나서 무엇을 해요? 이야기해 보세요.

> 저는 아침에 밥을 먹고 나서 이를 닦아요.

> 머리를 감고 나서 세수를 해요.

[동]-어 두다

가: 오늘이 흐엉 씨 생일이에요? 몰랐어요.

나: 걱정 마세요. 제가 생일 선물을 미리 사 두었어요.

1. 이야기해 보세요.

> 외출할 때에는 창문을 닫아 두세요.

1) 외출할 때에는 창문을 닫다
2) 내일 공부할 내용을 미리 읽다
3) 더울 때에는 에어컨을 켜다
4) 출발하기 전에 예약을 확인하다
5) 회의가 끝난 후에는 회의 내용을 정리하다
6) 나갈 때 룸메이트에게 열쇠를 맡기다

2. 여행 가기 전에 어떤 준비를 해야 해요? 이야기해 보세요.

> 저는 여행을 가려고 미리 여권을 만들어 뒀어요.

> 화장실 청소를 해 둬야 해요.

함께 해 봅시다

준비하세요 ❶

좋아하는 한국 음식이 있어요? 어떻게 만들어요? 읽어 보세요.

떡볶이

\<재료\>
떡볶이 떡, 어묵, 대파, 고추장, 설탕, 간장, 물

1. 떡을 씻어요.
2. 어묵과 대파를 썰어요.
3. 냄비에 물을 넣고 간장, 설탕, 고추장을 넣고 끓여요.
4. 떡과 대파를 넣고 나서, 한번 더 끓으면 어묵을 넣어요.

김치 볶음밥

\<재료\>
밥, 김치, 대파, 계란, 간장, 식용유

1. 대파와 김치를 썰어요.
2. 프라이팬에 식용유를 넣고 나서 대파를 넣고 볶아요.
3. 대파를 볶고 나서 김치를 넣고 볶아요.
4. 볶은 대파와 김치에 간장을 넣어요.
5. 밥을 넣고 섞으면서 볶아요.
6. 마지막에 계란프라이와 김을 올려요.

준비하세요 ❷

좋아하는 음식의 요리 방법을 이야기해 보세요.

어떤 요리 도구를 준비해요?
- ☐ 냄비
- ☐ 프라이팬
- ☐ _____

재료는 무엇이 필요해요?
- ☐ _____
- ☐ _____
- ☐ _____

어떻게 만들어요?
1. _____
2. _____
3. _____
4. _____
5. _____

해 보세요

좋아하는 음식을 만드는 방법 동영상을 만들어서 친구들에게 보여주세요.

UNIT 9 음식

26 삼겹살은 야채하고 같이 먹으면 더 맛있다고 해요

어휘 음식
문법 -다고 하다

그림을 보고 이야기해 보세요.

1) 무슨 음식이에요?
2) 한국 사람들은 보통 어떻게 먹어요?

- **단어를 사용해서 말해 보세요.**

된장찌개　순두부찌개　떡국　만두
햄버거　피자　짜장면　탕수육

친구들하고 학교 앞에서 짜장면을 먹어 봤는데 아주 맛있었어요.

[동]-는/ㄴ다고 하다 / [형]-다고 하다 / [명](이)라고 하다

가: 혹시 메이 씨 봤어요?

나: 아까 도서관에 간다고 했어요.

1. 이야기해 보세요.

학생 식당에서 점심을 먹어요.

프엉 씨가 학생 식당에서 점심을 먹는다고 했어요.

1) 프엉 — 학생 식당에서 점심을 먹어요.

2) 하산 — 수업이 끝나서 도서관에 가요.

3) 메이 — 지금 사는 집이 아주 깨끗하고 넓어요.

4) 토모 — 저 사람은 한국에서 유명한 가수예요.

5) 선생님 — 지금 사무실에 없어요.

2. 메시지를 보고 이야기해 보세요.

양양 씨가 짜장면을 먹는다고 했어요.

[동][형]-었다고 하다, [명]-이었/였다고 하다, [동][형]-(으)ㄹ 거라고 하다, [명]일 거라고 하다

가: 혹시, 메이 씨 봤어요?

나: 네. 아까 지민 씨가 도서관 앞에서 만났다고 했어요.

1. 이야기해 보세요.

학교 앞에서 햄버거를 먹었어요.

프엉 씨가 학교 앞에서 햄버거를 먹었다고 했어요.

1) 프엉 — 학교 앞에서 햄버거를 먹었어요.

2) 하산 — 지난번 집이 아주 좁고 작았어요.

3) 메이 — 이 사람은 아주 유명한 배우였어요.

4) 토모 — 내일 안나 씨하고 영화관에 갈 거예요.

5) 선생님 — 다음 주 월요일에 시험을 볼 거예요.

2. 메시지를 보고 이야기해 보세요.

양양 씨가 어제 떡볶이를 만들었다고 했어요.

unit 9. 음식

함께 해 봅시다

준비하세요 ❶

친구의 SNS를 읽어 보세요.

준비하세요 ❷

친구의 SNS를 읽어 보세요.

더 해 보세요

음식을 더 맛있게 먹는 방법을 소개해 보세요.

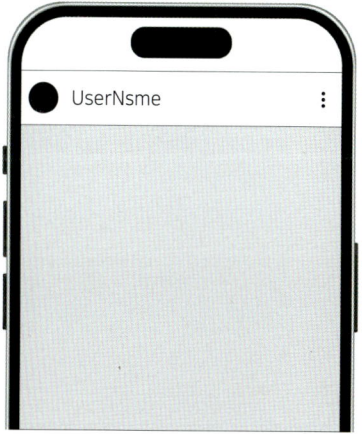

UNIT 9 음식

27 역시 맛집이네요!

어휘 맛
문법 -네요
반말(-어, -자)

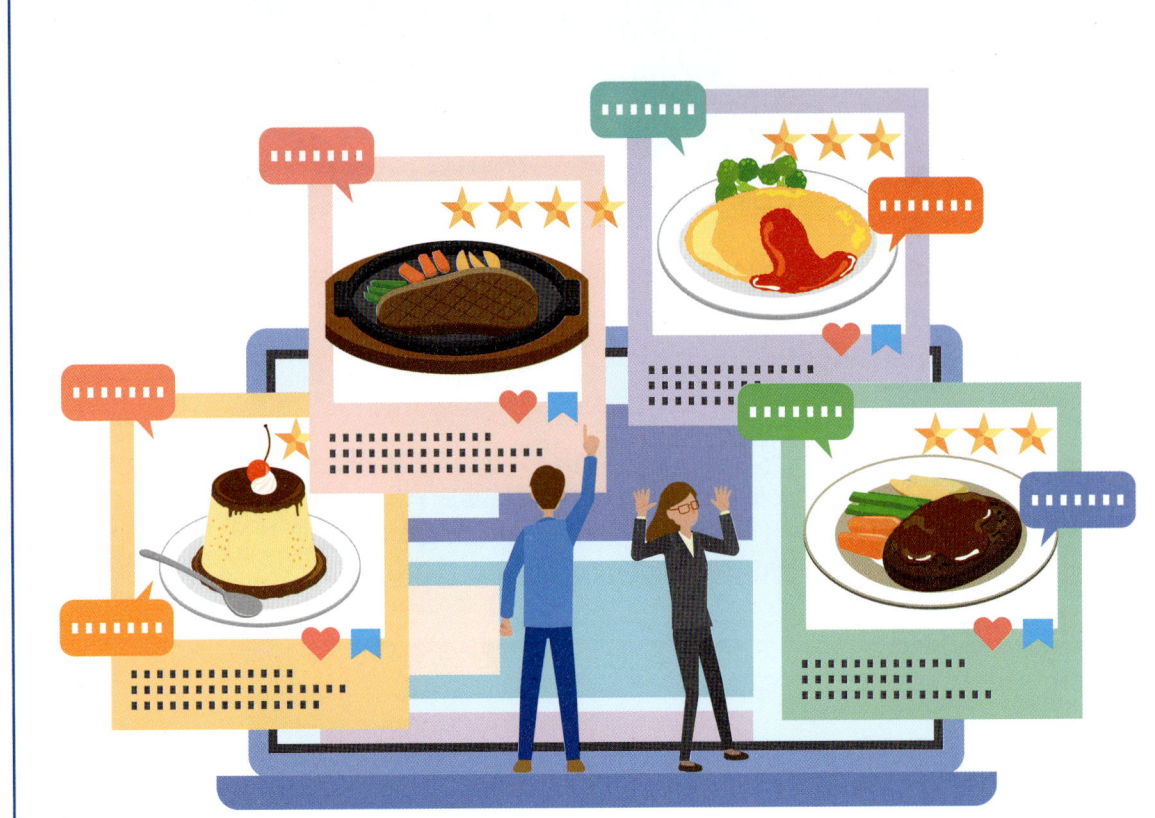

그림을 보고 이야기해 보세요.

1) 맛집에 가 봤어요?

2) 여러분은 맛집을 어떻게 찾아요??

■ **음식 맛이 어때요? 이야기해 보세요.**

[동]-네요 / [형]-네요 / [명](이)네요

가: 흐엉 씨, 이 사진 어때요?

나: 경치가 아주 예쁘네요! 어디예요?

1. 이야기해 보세요.

오늘 바람이 정말 많이 부네요.

1)
2) 수리비 80만원
3)
4)

2. 친구와 여행을 가서 보거나 느낀 것을 이야기해 보세요.

와! 오늘 날씨가 정말 좋네요!

경치가 아름답네요!

[동사]-어 / [동]-자

가: 추우니까 창문 좀 닫아.
나: 네. 알겠어요.

1. 이야기해 보세요.

> 여기에 연락처를 써.

1) 여기에 연락처를 쓰세요.
2) 저 좀 도와주세요.
3) 내일은 늦지 마세요.
4) 교실에서 떠들지 마세요.
5) 수업이 끝난 후에 카페에 갈까요?
6) 뚜야의 생일 케이크를 같이 만듭시다.
7) 내일 비가 오니까 만나지 말까요?
8) 교실에 쓰레기를 버리지 맙시다.

2. 반말로 친구와 약속을 해 보세요.

> 주말에 날씨가 좋으면 등산하러 갈까?

> 등산은 싫은데 놀이공원에 가자.

> 좋아. 네 카메라도 가지고 와.

함께 해 봅시다

준비하세요

읽어 보세요.

해 보세요

1. 먹어 보고 싶은 유명한 식당이 있어요? 이야기해 보세요.

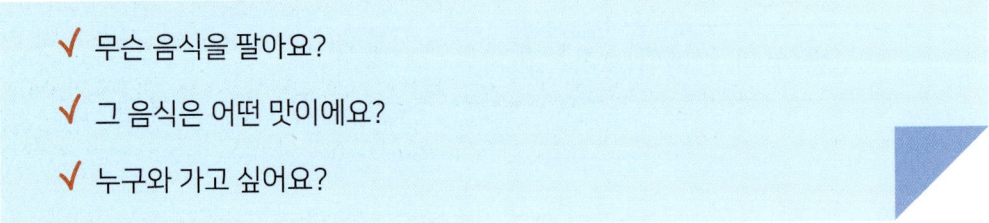

2. 친구와 무엇을 먹어 보고 싶어요? 친구하고 이야기해 보세요.

모범 대화

에릭: 크리스티나, 한국 간식 좋아해?

크리스티나: 그럼, 나는 붕어빵을 좋아해. 겨울에 길에서 먹을 수 있는데 학교 앞 편의점 건물에 있는 붕어빵 가게가 맛집이야.

에릭: 나도 먹어 보고 싶었는데 항상 줄이 길어서 못 먹었어. 그런데 이번에 남춘천역 앞에서 맛집 페스티벌을 한다고 해. 붕어빵도 있어!

크리스티나: 오! 같이 가자. 수지도 불러.

에릭: 수지는 단 음식을 싫어하는데 괜찮을까?

크리스티나: 그 가게는 많이 달지 않아서 맛있어. 수지도 좋아할 거야.

UNIT 10

Unit 10. 나의 미래

28. 유학생 모임에 나가 보는 게 어때?
29. 한국 생활이 힘들지요?
30. 졸업을 하자마자 취직했으면 좋겠어요

UNIT 10 나의 미래

28 유학생 모임에 나가 보는 게 어때?

어휘 기분 ❷
문법 -는 것
　　 의문사-는지

그림을 보고 이야기해 보세요.

1) 여러분은 왜 한국에 왔어요?
2) 한국 생활이 어때요?

1. 좋은 기분과 나쁜 기분의 표현을 써 보세요.

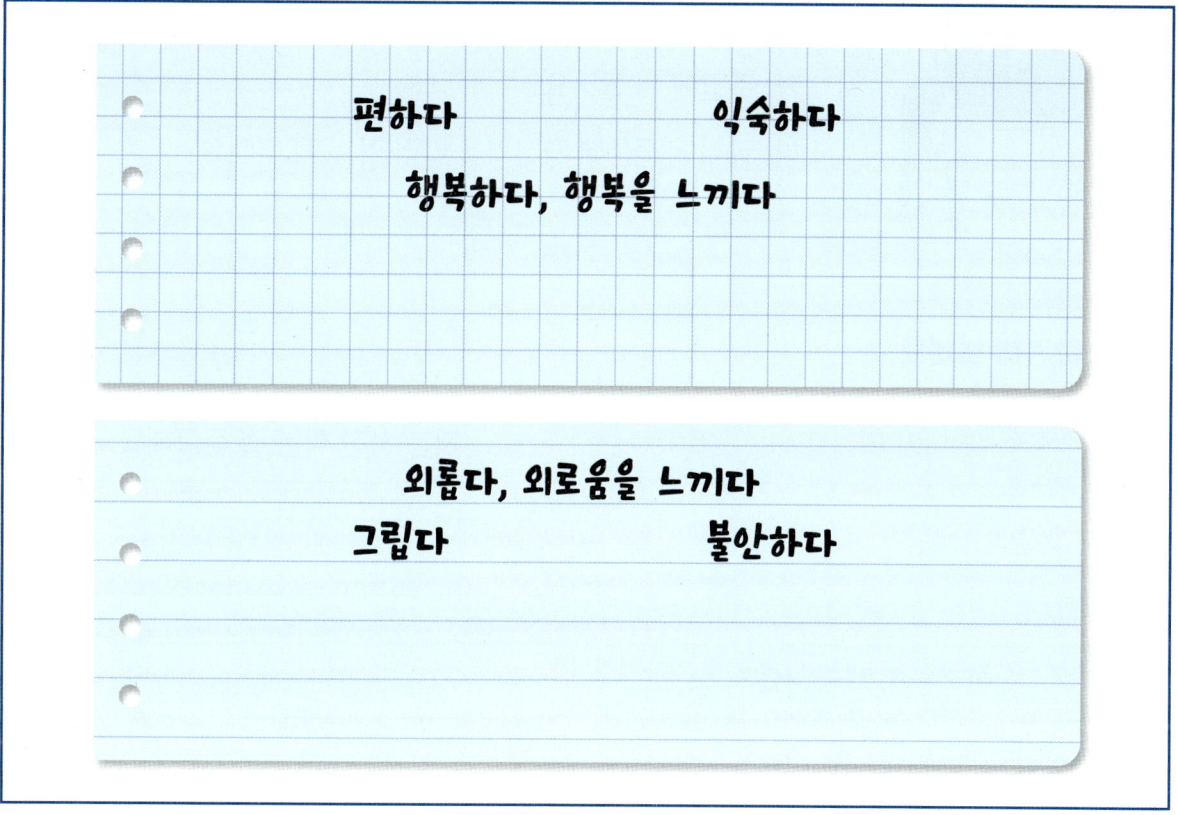

2. 한국 생활에 대해서 이야기해 보세요.

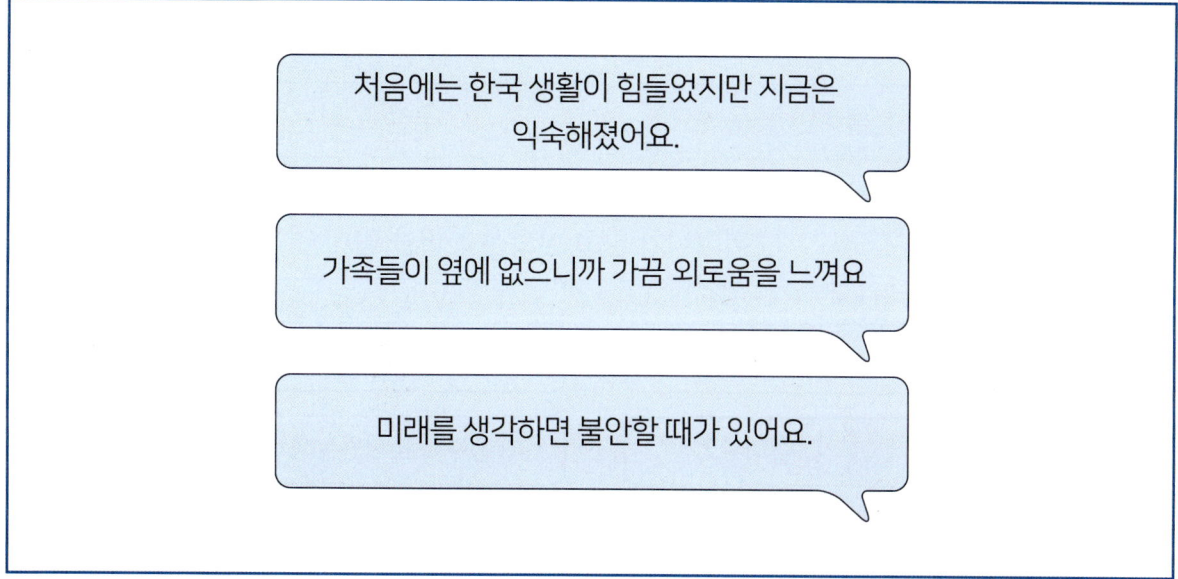

[동]-는 것

가: 주말에 뭐 할까요?
나: 날씨도 좋은데 자전거를 타러 가는 게 어때요?

1. 이야기해 보세요.

-는 것을 = -는 걸

취미가 뭐예요?

저는 사진 찍는 걸 좋아해요.

싫어하는 일이 있어요?

저는 운동하는 걸 싫어해요.

2. 친구와 같이 이야기해 보세요.

-는 것이 = -는 게

어머니 생신에 뭘 선물하면 좋을까요?

꽃을 드리는 게 어때요?

어머니가 받고 싶으신 선물을 먼저 여쭤 보는 게 좋겠어요.

1) 어머니 생신에 뭘 선물하면 좋을까요?
2) 요즘 좀 심심한데 뭘 하면 좋을까요?
3) 여행을 가고 싶은데 어디가 좋아요?
4) 친구하고 싸웠는데 아직 화해를 못 했어요.
5) 단어 외우기가 힘든데 좋은 방법이 있어요?
6) 밤에 잠을 잘 못 자는데 어떻게 해야 해요?

의문대명사+[동]-는지 / [형]-(으)ㄴ지 / [명]인지

가: 언제 시험을 보는지 알아요?
나: 네. 5월 16일인데 이번 주까지 신청해야 해요.

1. 이야기해 보세요.

> 언제부터 방학인지 알아요?

1) 언제부터 방학이에요?
2) 그 단어가 무슨 뜻이에요?
3) 거기에 어떻게 가요?
4) 어디에서 모여요?
5) 어떤 병원이 좋아요?
6) 통장을 만들 때 뭐가 필요해요?
7) 안나 씨가 왜 울었어요?
8) 누가 시험을 제일 잘 봤어요?

2. 우리 반 친구들에게 궁금한 것을 물어보세요.

> 뚜야 씨 생일이 언제인지 알아요?

> 네. 알아요. 10월 20일이에요.

> 아니요. 모르겠어요.

함께 해 봅시다

준비하세요

나의 한국 생활은 어때요? ✓를 표시해 보세요.

		매우 그렇다	그렇다	보통이다	그렇지 않다	전혀 그렇지 않다
1	한국 음식을 잘 먹어요.					
2	한국 친구들이 많아요.					
3	한국어로 이야기하는 것이 어렵지만 재미있어요.					
4	한국어 공부가 즐거워요.					
5	한국 사람들을 자주 만나요.					
6	한국 생활이 나의 미래에 도움이 될 거예요.					
7	고향에 돌아가고 싶어요.					
8	고향에 있는 가족과 친구들이 많이 그리워요.					
9	불안하고 답답할 때가 많아요.					
10	스트레스를 많이 받아요.					
11	한국 문화를 이해할 수 없어요.					
12	한국어 공부를 그만두고 싶어요.					

해 보세요

선배와 후배가 되어 대화를 해 보세요.

> 후배) 한국 생활의 어려운 점을 이야기하세요.
> 선배) 한국 생활에 도움이 되는 말을 해 주세요.

유학생 모임에 나가다	모임을 만들다
고향에 잠깐 다녀오다	여행을 가다
한국에 온 이유를 생각하다	미래를 생각하다

모범 대화

선배: 요즘 무슨 일이 있어? 표정이 안 좋은데.
양양: 그냥 요즘 조금 힘들어서 그래요.
선배: 이야기해 봐. 무슨 일이야?
양양: 처음 한국에 왔을 때는 한국 생활이 재미있었는데 요즘은 즐겁지가 않아요.
선배: 그렇구나.
양양: 고향에 있는 가족들과 친구들도 보고 싶고요.
선배: 유학생 모임에 나가 보는 게 어때? 나도 한국 생활이 힘들 때 유학생 모임에서 한국 생활이나 한국어 공부에 대해서 이야기를 많이 했어. 그냥 이야기만 해도 기분이 많이 나아졌어.
양양: 그래요? 유학생 모임을 언제 하는지 알아요?
선배: 매달 마지막 주 금요일에 모임을 해. 그리고 유학생 모임 대표 번호를 가르쳐 줄 테니까 연락해 봐. 힘들거나 어려운 걸 이야기하면 잘 도와줄 거야.
양양: 고마워요. 연락해 볼게요.

UNIT 10 나의 미래

29 한국 생활이 힘들지요?

어휘 한국어 공부
문법 -지요?
　　　 -어야겠다

그림을 보고 이야기해 보세요.

1) 여러분은 한국어를 어떻게 공부해요?
2) 한국어를 공부하는 좋은 방법을 이야기해 보세요.

■ 한국어를 공부할 때 어려운 점을 이야기해 보세요.

		O	X
☐ 발음	발음이 정확하지 않다		
☐ 단어	단어를 잘못 사용하다		
☐ 문법	문법이 틀리다		
	비슷한 문법이 많다		
☐ 글자	글자가 틀리다		
☐ 듣기	한국 사람 말을 이해하지 못하다		
☐ 말하기	질문에 바로 대답을 하기가 어렵다		
☐ 읽기	읽을 때 시간이 많이 걸리다		
☐ 쓰기	쓸 내용이 빨리 생각나지 않는다		

> 발음 때문에 고민이에요. 내 말을 한국 사람들이 가끔 잘못 이해하는 것 같아요.

> 읽기를 할 때 시간이 너무 많이 걸려요. 다른 친구들은 벌써 다 읽었는데 나만 다 못 읽을 때가 많아요.

unit 10. 시설 이용

[동]-지요 / [형]-지요 / [명](이)지요

가: 오늘이 프엉 씨 생일이지요? 축하해요.

나: 정말 고마워요.

1. 이야기해 보세요.

1) 한국 생활
2) 시험
3) 이사
4) 아르바이트
5) 등산

한국 생활이 힘들지요?

좀 힘들지만 친한 친구들이 있어서 괜찮아요.

2. 친구들에게 이야기해 보세요.

20일이 메이 씨 생일이지요? 우리 반 친구들하고 같이 생일 파티를 하는 게 어때요?

토모 씨는 영화 보는 걸 좋아하지요? 주말에 같이 영화 볼래요?

에릭 씨는 요리하는 걸 싫어하지요? 제가 맛있는 걸 만들어 줄게요.

[동]-어야겠다

가: 같이 밥 먹을래요?
나: 미안해요. 오늘 좀 피곤해서 집에서 쉬어야겠어요.

1. 이야기해 보세요.

> 머리가 아파요. 약을 먹어야겠어요.

1) 머리가 아파요.
2) 비가 올 것 같아요.
3) 생활비가 부족해요.
4) 감기에 걸린 것 같아요.
5) 내일 할머니 생신이에요.
6) 친구가 저 때문에 화가 많이 났어요.
7) 주말에 집에 친구들이 놀러 올 거예요.
8) 시험이 많이 어려울 것 같아요.

2. 친구와 이야기해 보세요.

- 어제 이 영화를 봤는데 정말 재미있었어요.
- 그래요? 저도 한번 봐야겠어요.

- 친구들이랑 주말에 이 카페에 갔는데 분위기가 정말 좋았어요.
- 그래요? 저도 한번 가 봐야겠어요.

함께 해 봅시다

준비하세요

한국어를 공부하는 좋은 방법을 생각해 보세요.

1. 다음 중 해 본 적이 있는 것에 ✓를 표시하세요.

- ☐ 단어장을 만들어서 매일 단어를 외워요.
- ☐ 오늘 공부한 문법으로 만든 문장을 하나씩 꼭 외워요.
- ☐ 한국 친구하고 언어 교환을 해요.
- ☐ 토픽 사이트에서 토픽 문제를 풀어보고 토픽 강의도 들어요.
- ☐ 친구들과 함께 한국어 스터디 모임을 해요.
- ☐ 한국어로 매일 일기를 써요.
- ☐ 한국어 단어를 외울 수 있는 앱(App)을 이용해요.
- ☐ 혼자 공부할 수 있는 한국어 단어 책이나 문법 책을 봐요.
- ☐ 한국어를 사용할 수 있는 시장이나 식당, 가게에 매일 가요.
- ☐ 한국어를 공부할 수 있는 인터넷 사이트를 자주 이용해요.

2. 해 보고 싶은 것이 있어요?

3. 다른 좋은 방법을 이야기해 보세요.

해 보세요

고민과 해결 방법을 이야기해 보세요.

1. 쪽지에 나의 고민을 쓰세요. 이름을 쓰지 않아도 돼요.

> 단어를 외우기가 너무 어려워요.
> 어떻게 하면 단어를 쉽게 많이 외울 수 있어요?

2. 쪽지를 보고 좋은 방법을 이야기해 주세요.

> 단어를 외우기가 힘들지요? 그런데 단어를 한 번에 외우기는 힘들어요. 오늘 공부한 단어를 내일 또 봐야 해요. 그리고 2~3일 후에 또 봐요. 일주일마다 한 번씩 그동안 공부한 단어를 또 복습해요. 이렇게 자꾸자꾸 반복해서 보지 않으면 단어를 외울 수 없어요.

> 단어를 공부할 수 있는 앱(APP)이 있어요. 여기에 내가 공부한 단어를 정리해 두면, 단어 퀴즈도 볼 수 있어요. 이 앱을 자주 이용하면 단어 공부를 좀 더 쉽게 할 수 있어요.

3. 친구들이 이야기해 준 방법 중에서 내가 하고 싶은 것을 이야기해 보세요.

> 오늘부터 단어 앱으로 단어를 공부해 봐야겠어요.

UNIT 10 나의 미래

30 졸업을 하자마자 취직했으면 좋겠어요

어휘 전공 선택
문법 -자마자
　　　 -으려면

K-Pop학과

K-뷰티학과

그림을 보고 이야기해 보세요.

1) 이 전공에서 무엇을 공부하는 것 같아요?
2) 여러분은 어떤 전공에 관심이 있어요?

■ 어떤 전공이 잘 맞을까요? 이야기해 보세요.

한국어비즈니스학과

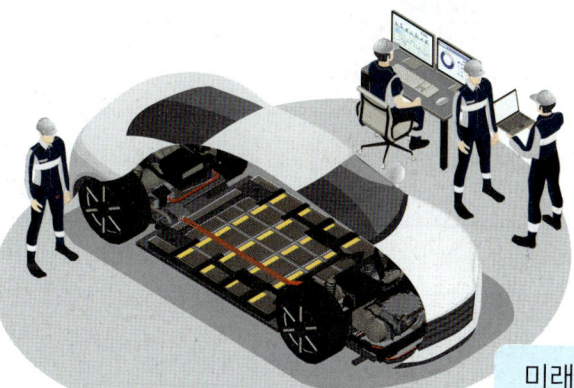

미래전기자동차학과

> 저는 음악 듣는 것을 좋아해요. 악기 연주도 좋아하고요.
> 나중에 제 노래를 만들어 보고 싶어요.

> 화장품에 관심이 많고 예쁘게 화장하는 걸 좋아해요.

> 한국 회사에서 일해 보고 싶어요.
> 나중에는 고향에서 제 회사를 만들어서 사업을 하고 싶어요.

> 어렸을 때부터 자동차에 관심이 많았어요. 차에 대해서 잘 알고 있어요. 차를 고치거나 만드는 일을 하고 싶어요.

[동]-자마자

오늘 고향 친구가 한국에 와요. 수업이 끝나자마자 친구를 만나러 갈 거예요.

1. 이야기해 보세요.

> 아침에 일어나자마자 휴대폰부터 봐요.

1) 아침에 일어나요. 휴대폰부터 봐요.
2) 메시지를 받아요. 답장을 보내요.
3) 엄마의 목소리를 들었어요. 눈물이 났어요.
4) 신호가 바뀌었어요. 차가 출발했어요.
5) 밖에 나왔어요. 비가 오기 시작했어요.
6) 집에 도착해요. 전화하세요.
7) 퇴근해요. 운동하러 갈 거예요.
8) 침대에 누워요. 잠이 들 것 같아요.

2. 하고 싶은 일을 이야기해 보세요.

> 어제 잠을 잘 못 자서 피곤해요. 오늘은 집에 가자마자 잘 거예요.

> 고향 음식을 먹고 싶어요. 고향에 가자마자 맛있는 걸 먹으러 갈 거예요.

> 빨리 취직하고 싶어요. 학교를 졸업하자마자 회사에 들어갔으면 좋겠어요.

[동]-(으)려면

가: 빨리 나으려면 푹 쉬세요.
나: 네. 알겠습니다.

1. 이야기해 보세요.

> 밤에 잠을 잘 자려면 운동을 하는 게 좋아요.

1) 밤에 잠을 잘 자고 싶어요.
2) 사진을 예쁘게 찍고 싶어요.
3) 건강해지고 싶어요.
4) 한국어를 잘하고 싶어요.
5) 3개월 이상 한국에서 살 거예요.
6) 그 영화를 볼 거예요.
7) 한국 대학교에 입학할 거예요.
8) 오랫동안 걸을 거예요.

2. 나만의 방법을 이야기해 보세요.

- 라면 맛있게 끓이기
- 한국 친구 사귀기
- ?
- 싸게 장 보기
- 단어 외우기
- ?

> 라면을 맛있게 끓이려면 계란과 파를 꼭 넣으세요.

unit 10. 시설 이용

함께 해 봅시다

준비하세요

전공을 결정할 때 중요한 것을 생각해 보세요.

내가 좋아하고 관심이 있는 것	케이팝(K-Pop)
내가 잘하는 것	악기 연주
취업에 도움이 되는 전공	한국어비즈니스학과

해 보세요

전공에 대해서 상담하는 대화를 해 보세요.

고민을 말할 때
- 전공을 아직 결정하지 못했어요.
- 어떤 전공을 선택해야 하는지 고민이에요.
- 뭘 전공해야 하는지 잘 모르겠어요.

- -(으)면 -(으)ㄹ 수 있을까요?
- -(으)면 -(으)ㄹ 것 같아요

해결 방법을 말할 때
- -(으)려면 -는 게 도움이 될 거예요.
- -아야/어야겠네요.

🎧 30

모범 대화

하산 선생님, 안녕하세요?

선생님 안녕하세요? 그동안 잘 지냈지요?

하산 네. 선생님도 잘 지내셨어요?

선생님 네. 오늘은 무슨 일로 왔어요?

하산 대학에서 뭘 전공해야 하는지 잘 모르겠어요.

선생님 아, 그래요? 생각해 본 전공이 있어요?

하산 졸업을 하자마자 취직을 했으면 좋겠어요. 한국어 비즈니스를 전공하면 나중에 고향에 돌아가서 한국 회사에서 일할 수 있을까요?

선생님 취업을 하려면 비즈니스를 공부하는 게 도움이 될 거예요. 한국어 비즈니스과로 결정할 거예요?

하산 잘 모르겠어요. 저는 케이팝(K-Pop)을 좋아하고 악기 연주도 잘해요. 그래서 K-Pop학과에 가면 더 재미있게 공부할 수 있을 것 같아요.

선생님 그럼 고민이 되겠네요. 취업에 더 도움이 되는 것과 좋아하는 것 중에서 선택을 잘해야겠네요.

더 해 보세요

앞으로의 계획을 말해 보세요.

> 저는 한국어비즈니스학을 전공하기로 했습니다. 나중에 취업을 할 때 도움이 될 것 같습니다. 제가 좋아하는 케이팝 듣는 것과 악기 연주도 취미로 계속하려고 합니다. 그래서 비즈니스를 전공하면서 케이팝과 관련된 사업을 할 수 있는지 알아볼 것입니다.

문법 및 표현

문법

1과	[명](이)라고 하다		9과	[동]-(으)면서
	[동]-(으)ㄴ 지			[동]-어 보다
2과	[동]-기로 하다		10과	[형]-(으)ㄴ 것 같다
	[동]-어 주다			[동]-는 것 같다
3과	[동]-(으)면 / [형]-(으)면 / [명](이)면		11과	[동]-(으)ㄴ 덕분에
	[동]-(으)ㄹ게요			[동]-게 되다
4과	[형]-(으)ㄴ		12과	[동]-는데 / [형]-(으)ㄴ데 / [명]인데
	[동]-(으)ㄴ/는/(으)ㄹ			[동]-(으)ㄴ 적이 있다/없다
5과	[동]-어 드리다		13과	[동]-는데 / [형]-(으)ㄴ데 / [명]인데
	[명]밖에			[동]-는데 / [형]-(으)ㄴ데 / [명]인데
6과	[동]-나요? / [형]-(으)ㄴ가요? / [명]인가요?		14과	[동]-(으)ㄹ까요? / [형]-(으)ㄹ까요? / [명]일까요?
	[동]-(으)ㄹ 것 같다 / [형]-(으)ㄹ 것 같다 / [명]일 것 같다			[동]-었으면 좋겠다 / [형]-었으면 좋겠다 / [명]이었/였으면 좋겠다
7과	[동]-어 보다		15과	[동]-다가
	[동]-(으)ㄹ 줄 알다/모르다			[동]-(으)니까
8과	[동]-(으)ㄹ래요			
	[동]-거나 / [형]-거나 / [명](이)나			

과	문법	과	문법
16과	[동]-(으)ㄹ 때 / [형]-(으)ㄹ 때 / [명] 때	25과	[동]-고 나서
	[동]-는 동안 / [명]동안		[동]-어 두다
17과	[동]-도록 하세요	26과	[동]-는/ㄴ다고 하다 / [형]-다고 하다 / [명](이)라고 하다
	[동]-어야 하다/되다 / [형]-어야 하다/되다		[동][형]-었다고 하다, [명]-이었/였다고 하다, [동][형]-(으)ㄹ 거라고 하다, [명]일 거라고 하다
18과	[동]-어도 / [형]-어도	27과	[동]-네요 / [형]-네요 / [명](이)네요
	[형]-어지다		[동]-어/ [동]-자
19과	[동]-(으)려고	28과	[동]-는 것
	[동]-기 전에 / [명] 전에		의문사+[동]-는지 / [형]-(으)ㄴ지 / [명]인지
20과	[명](으)로	29과	[동]-지요 / [형]-지요 / [명](이)지요
	[동]-(으)ㄴ 후에 / [명] 후에		[동]-어야겠다
21과	[동]-어도 되다	30과	[동]-자마자
	[동]-(으)면 안 되다		[동]-(으)려면
22과	[동]-기 때문에 / [형]-기 때문에 / [명] 때문에		
	[명]에 대해(서) / [명]에 대한 [명]		
23과	[동]-(으)시- / [형]-(으)시- / [명](이)시		
	[동]-도록 하겠습니다		
24과	[동]-(으)ㄹ 테니까		
	[동]-어 / [형]-어 / [명](이)야		

213

표현

1과	건강하게	4과	음식을 나눠 주다
	선배		음식을 주문하다
	오래오래		장을 보다
	재미있게		팀을 나누다
	즐겁게		가볍다
	친하게		귀엽다
	행복하게		길이
2과	같이 문제를 풀다		디자인
	경기를 하다		마음에 들다
	공연을 하다		멋지다
	대회에 나가다		무겁다
	동영상을 찍다		밝다
	서로 가르쳐 주다		보통이다
	시험공부를 하다		비싸다
	시험을 신청하다		색깔
	연습하다		싸다
	응원하다		어둡다
3과	모이다		어울리다
	모임을 가지다		예쁘다
	모임을 하다		작다
	선물을 주고 받다		적당하다
	음료수를 사 오다		짧다
	음식을 가져오다		크기
	음식을 나눠 먹다		크다

5과	교환하다		7과	건강에 좋다
	냄새가 나다			마음이 편하다
	디자인이 마음에 안 들다			새 친구를 사귀다
	맛이 이상하다			새로운 것을 배우다
	바꾸다			새로운 경험을 하다
	본/생각한 것과 다르다			시간을 보내다
	사이즈가 맞지 않다		8과	비행기 시간을 알아보다
	상하다			숙소를 예약하다
	색깔이 어울리지 않다			여행 계획을 세우다
	식품			여행지 정보를 찾아보다
	신발		9과	대회
	신선하지 않다			발표
	옷			상금
	유통기한이 지나다			쓰기 주제
	주문을 잘못 하다			우편
	환불받다			제출
	환불하다			참가 기간
6과	고장이 나다			참가 방법
	사용하다			참가신청서
	서비스센터를 방문하다			파일
	수리를 받다			행사
	연결하다		10과	게으르다
	주문하다			마음이 따뜻하다
	충전하다			부지런하다
	택배로 받다			성격이 밝다

11과	쓰레기봉투를 사다			지키다
	외국인등록증을 만들다			취소하다
	이사하다			___에서/한테(서) 갑자기 연락이 오다
	인터넷을 신청하다			갑자기 일이 생기다
	짐을 정리하다			길이 막히다
	집을 찾다			늦게 일어나다
12과	따로		15과	버스를 잘못 타다
	모아서 한번에			사고가 나다
	바로			시간을 잘못 알다
	빨래			약속을 잊어버리다
	샤워			휴대폰을 놓고 나오다
	설거지			감기약
	아침			감기에 걸리다
	저녁			넘어지다
	주말			두통약
	평일		16과	머리가 아프다
13과	경기를 보다			밥을 많이 먹었다
	경치가 좋은 곳에 가다			소화제
	공연을 보다			약을 바르다
	맛집에 가다			파스를 붙이다
	소풍 가다			허리가 아프다
14과	급한 일이 생기다		17과	기침을 하다
	다치다			목이 아프다
	병원에 입원하다			열이 나다
	수업이 늦게 끝나다			재채기를 하다
	일을 시키다			콧물이 나다

18과	귀찮다		22과	활동 계획서
	답답하다			답장을 쓰다
	마음이 급하다			댓글을 쓰다
	생각이 복잡하다			메시지를 보내다
	지루하다			바뀌다
19과	돈을 보내다			사진을 올리다
	입금하다			이메일
	출금하다			인터넷 게시판에 글을 쓰다
	카드			'좋아요'를 누르다
	통장			주고받다
	통장에 돈을 넣다			확인하다
	통장에서 돈을 찾다		23과	데리고 가다
	환전하다			드리다
20과	무게를 재다			묻다
	물건을 포장하다			모시고 가다
	배달하다			뵈다 / 뵙다
	번호표를 뽑다			여쭈다 / 여쭤보다
	소포		24과	가져다 주다
	양식을 작성하다			도와주다
	요금을 내다			빌려 주다
	접수하다			사다 주다
21과	서류			알려 주다
	성적 증명서			전해 주다
	신청서		25과	간장
	자기소개서			고추장
	추천서			굽다

	끓이다		짜다
	냄비에 넣다		그립다
	대파		느끼다
	떡		불안하다
	볶다	28과	외롭다
	섞다		익숙하다
	설탕		편하다
	식다		행복하다
	썰다		글자
	어묵		단어
	익다		듣기
	찌다		말하기
	튀기다		문법
	프라이팬		바로 대답하다
26과	된장찌개		발음
	떡국		비슷한 문법
	만두	29과	생각나다
	순두부찌개		시간이 많이 걸리다
	짜장면		쓰기
	탕수육		이해하지 못하다
	피자		읽기
	햄버거		잘못 사용하다
27과	달다		정확하지 않다
	맵다		틀리다
	시다	30과	미래전기자동차학과
	쓰다		한국어비즈니스학과

	K-뷰티학과
	K-POP학과